《独流印象》编委会

獨流印象

杨广才　主编

天津社会科学院出版社
Tianjin Academy Of Social Sciences Press

图书在版编目（CIP）数据

独流印象 / 杨广才主编. -- 天津：天津社会科学
院出版社, 2017.12（2021.5重印）
　ISBN 978-7-5563-0424-0

　Ⅰ. ①独… Ⅱ. ①杨… Ⅲ. ①乡镇－文化史－静海县
－文集 Ⅳ. ①K292.15-53

中国版本图书馆 CIP 数据核字(2017)第 307180 号

出版发行：天津社会科学院出版社
出 版 人：钟会兵
地　　址：天津市南开区迎水道 7 号
邮　　编：300191
电话/传真：（022）23360165（总编室）
　　　　　　　（022）23075303（发行科）
网　　址：www.tass-tj.org.cn
印　　刷：永清县晔盛亚胶印有限公司

开　　本：787×960 毫米　　　1/16
印　　张：13.75
字　　数：190 千字
版　　次：2017 年 12 月第 1 版　　2021 年 5 月第 2 次印刷
定　　价：68.00 元

独流谈往

罗澍伟

由天津驱车东南行，过了津静公路边上的第六埠不远，便来到古镇独流。由于子牙、大清两河在这里共同汇入南运河，双流变成了独流，地因此而得名，或曰独流口。

在静海，独流的名气很大。千余年前的宋辽对峙期间，今天的海河大清河为双方分界线，独流地处冲要，宋太宗赵光义征辽失败，一是下令置独流砦以为营垒，此砦规模很大，是著名的26砦之一，所以又分北、东等6砦。当时直沽寨尚未见于记载，可见独流的历史比天津还要早。二是把滹沱、永济诸水引入海河大清河，形成一条"深不可以舟行，浅不可以徒涉，虽有劲兵不能度"的软边，也就是溏泊防线。

庆历年间，黄河夺道天津平原入海，导致塘砾淤塞，"夏秋可徒涉，遇冬则冰合，无异平地"，有人建议沿线"植榆柳桑枣，数年之间，可限契丹"。今西青、津南、原大港及黄骅一带每有枣林散布，或与此不无关系。值得注意的是，黄河夺道天津平原，先入御河即南运河，再"至清洲独流寨三岔口入海"。有的专家认为，这一记载指的就是旧天津的三岔河口。如果此说成立，天津最早见于史籍，又因独流的存在，往前提了二百年。

明清以来，独流成为南运河畔的大码头，百工云集，商货杂陈，带动了当地经济的发展。独流毗邻东淀，盛产鱼虾，所以醋的酿造自明代传入独流后，历久而不衰。以谷物酿醋，大约出现在公元前12世纪的商朝末年，当时天下大乱，传说后来辅佐了6位周王的姜子牙曾经避难于此，附近的子牙、钓台之名亦因此而出。西周时称醋为醯，政府设有专门酿醋和醋渍制品的醯人。有人因此而附会，说独流酿醋应是姜子牙带来的古老技艺，初闻不免令人发噱，细想起来，却为独流醋的故事平添了许多遐想。

独流口是南运河通往津京的咽喉，若遇战事，一定是兵家必争之地。1853年太平天国北伐军自山西进入直隶，由泊头、沧州经静海、独流和杨柳青直取天津，但在西乡稍直口受挫，只好退守独流、静海之间，扎下18里长的连营。在五里庄用拆毁的椽柱、门板、窗棂、箱柜、磨盘、石碢、酒坛等构建6门木城一座，厚7尺，里外3层，外壅黄土，内堆盐包，"虽大炮打之，绝不倾倒"；同时环以宽、深各7尺的城壕，或栽竹签，或埋地雷。运河封冻后，北伐军造高、宽各5尺的"吕公车"24架，内外衬以木板，"中空一尺，以书实之，每车剜炮眼二，下有圆铁小轮四，左右用环勾挽，可分可合"，实际上是活动的碉堡。1900年义和团运动兴起，运河船工出身的张德成，又因在独流设"天下第一团"，在天津小宜门设总坛口而名震一时。

丰沛的历史资源与人文底蕴背后，是情感的承载。

每到独流，金色阳光映照下的那座牌坊，总会给人一种久违的文化气息。流逝与永恒，把这里的文化和魅力传递出去；身边的运河之水，洗涤了这里的生命，滋润了这里的生命，又给了生命新的起点与呵护。铿锵前行的足音，脉动出这里绿色发展、砥砺前行的无限生机。这座千年古镇成为未来的超越者，今天，已是指日可待了。

2017年5月

目　录

001　**代序：独流谈往** / 罗澍伟

地灵水美

003　独流的由来 / 老　愚

005　独流的水文内涵 / 尹树鹏

007　独流的河 / 刘景州

009　独流与运河 / 郭凤岐

011　独流的漕运 / 李恩红

013　独流入海减河工程 / 杨仲达

015　独流减河工程 / 陈秀荣

018　再到独流减河口 / 李学韩

020　独流的水上交通 / 老　愚

023　运河岸边古码头 / 李　杰

025　独流的桥梁 / 张宝军

028　独流的运河集镇 / 晓　栋

030 档案记录独流镇兴衰 / 周利成

032 人文与商业并重的独流 / 然　君

034 我心中的小镇 / 孙德民

军政流风

039 独流镇巡检 / 王勇则

051 独流汛把总 / 王勇则

064 奉新驿移驻独流镇 / 王勇则

074 独流厂与芦苇税 / 王勇则

078 太平天国北伐军与独流 / 葛培林

080 太平军独流筑木城 / 辰　月

082 独流曾有"蓝灯照" / 任　而

084 德国人私运军火交涉案 / 王勇则

089 国民革命军在独流 / 王敬模

091 独流镇中山亭 / 王勇则

093 抗击日军的独流之战 / 王敬模

崇文尚武

097 注重教育的独流 / 王敬模

099 崇文的独流 / 吴蓬莱

101 独流的文昌阁 / 祝志俊

104 独流文昌阁的记忆 / 张秀红

106 短棹吴歌杂楚歌 / 缪志明

108 古树荒烟过独流 / 缪志明

111 古诗中的独流 / 胡 毅

113 汉学家笔下的独流 / 方 博

115 独流民歌和民间花会 / 王敬模

117 渔家绝唱舞婆娑 / 刘国华

119 独流沼泽城的传说 / 李治邦

121 独流古镇翰墨情 / 杜明岑

124 演剧失火酿惨祸 / 王勇则

126 独流习武溯源 / 张秀卿

129 尚武之风说独流 / 方 博

131 独流苗刀 / 杨祥全

工商重镇

135 宣统二年设立独流镇商会 / 周利成

137 关于独流商会 / 小 雨

140 静海工商业调查中的独流镇 / 东 风

142 通惠公司成立始末 / 周利成

144 独流商绅的担当 / 东 风

146 独流的水会及水机子 / 刘洪庆

149 静海特产荟萃独流 / 东 风

151 独流老醋 / 王敬模

154 独流出好酒 / 王世宽

156 独流酿酒美名扬 / 方 博

158 独流人经营津味小吃 / 音 十

160 焖鱼酥香在独流 / 由国庆

162 抹不去的滋味 / 张春生

164 我说独流锅巴 / 薛玉森

166 独流的老行当 / 张秀卿

168 消逝的老手艺 / 张宝军

170 独流的蒲芦编织 / 老　愚

人物撷英

175 金章宗独流游猎 / 王敬模

177 明宣宗过独流 / 李佳阳　王敬模

179 独流善人阎联奎 / 翟振雅

181 海张五修独流炮台 / 鲁德人

183 左宗棠麾下干员萧宗幹 / 王勇则

185 独流名门郑氏家族 / 宋春琴

187 独流走出的海军将领 / 张绍祖

189 侯家朱家两大院 / 陈秀荣

193 侯家大院和侯氏家族 / 杨伯良

195 独流画家侯秉衡 / 音　十

197 从独流走出的女画家 / 王敬模

199 爱国人士郝毓堂 / 胡立强

201 吕汝骥怒斥地头蛇 / 张绍祖

203 独流一只虎 / 晨　曲

205 独流的能工巧匠 / 张秀卿

207 尾声：古镇的历史记忆 / 胡　毅

地灵水美

独流的由来

■ 老 愚

    古老的大运河岸边，有一座美丽独特的小镇，她因海河流域的大清河、子牙河、南运河在此汇集而得名"独流"。

    由于地处三河汇流之处，独流的地理位置非常重要。据史料记载：五代时，后晋高祖皇帝石敬瑭曾割包括独流在内的燕云十六州与契丹。为了收复失地，周世宗柴荣亲率大军北征，并派赵匡胤率水军沿南运河顺流北下，占领独流。宋辽对峙时期，独流位于宋朝前沿并建有寨堡。明嘉靖年间刻印的《河间府志》记有独流北砦、独流东砦等六砦，足见这座古镇在旧时的军事地位。独流砦在北宋末年也称独流口。明朝永乐二年（1404），这里因屯田大兴已渐成集镇。清朝，独流以"南七北六"十三省"御道"所经，因此更是成为兵家必争之地。清朝咸丰十年（1860）天津开埠后，随着内河航运的兴旺，独流镇便成了华北腹地与天津之间物资交流的主要转运地。独流除了有通达的四方漕运，还有连通两岸的渡口。清朝末年的独流虽未成埠，但士庶殷繁，商贾辐辏，为静海首镇。到民国时期，独流设为区，后又设为市。中华人民共和国成立后，独流一直是区、镇、公社所在地。

独流依水而建，临水而居，因水而富，是一个人与水亲的小镇。这里自古便是重要的水旱码头，扼守京、津、鲁、豫水陆交通要道，船只来往如梭，少不了客店饭馆。大运河上的漕船，进京、南下的客船、官船、货船都会到独流停泊，相伴而生的大小商行都集中在运河两岸的街道、里巷。每逢农历三、八独流大集，更是车水马龙，叫卖声不绝，熙熙攘攘，热闹非凡。旧时独流曾流传"身居三里外，便听吆喝声"，足见其繁华。据史料记载：清同治、光绪年间，独流镇有商号115家；到清末独流大小店铺增加到一千余家，成为冀中地区粮食等农产品的主要集散地。

独流钟灵毓秀，人才繁出，名人荟萃。据《独流镇志》记载：独流的名人有修大沽炮台的巨富海张五，袁世凯统治时期号称"四大干将"的海军上将郑汝成，名扬全国的著名武术家李登第、任向荣，著名书画家侯秉衡等。

如果你是独流人，你会为她而骄傲。独流东望渤海，西偎冀中，南拱沧州，北倚京津，像一颗璀璨的明珠镶嵌在渤海之滨。全镇区域面积64.4平方公里，辖28个行政村。这里物产丰富，美丽富饶，南运河畔菜鲜四季，东淀洼内瓜果飘香；交通条件十分便利，104国道、津涞公路、津浦铁路、京福和京沪高速公路纵横贯穿。独流素有"酒醋酿造之乡""建筑之乡"的美誉；震惊中外的义和团"天下第一坛"就设于此。倘若你有幸来到独流，尝一尝特色风味小吃，沿着纵横的河道、古朴的桥梁走一走，更会发觉这座千年古镇的无穷魅力。

在这里，你不用刻意寻求诸如文化底蕴之类的东西，只要踏上这满载历史斑痕的土地，走进她的街道、胡同、民宅、店铺……便会被那有滋有味的古镇生活和风土人情所吸引。在这里，你将看到一个历经沧桑而风韵依旧的古镇——独流。

独流的水文内涵

■ 尹树鹏

　　天津的水文地理特点，让天津有许多全国独有而又能精确表达水文内涵的地名。独流就是一个水文内涵特别丰富的地名。它不但指出了该地区曾经有过的水文空间、河流走向，还记录下天津地区治水、航运、边防等许多与水利史相关的故事。

　　海河平原的南部是古地质断裂沉降带，地势低洼，再经过河流的冲刷淤积，形成了许多古老的淀洼。如在两千多年前，曾经存在的大陆泽洼地即现在邯郸到宁晋之间的洼地。北边叫北泊，南边叫南泊。东西走向的东淀（三角淀）是大清河泛滥淤积区，西淀，即现在的白洋淀。它们之间还有一个最大的洼地叫文安洼，再往东还有一些较小的洼地，如团泊。至于南、北大港，则是海退时形成的潟湖。至今保留在大清河两岸众多叫"堡"的地名，还有着古代军事据点的印痕。而独流正在这条水面界限的中心位点。因大运河穿行其间，在明清两代补水保漕是基本国策。沿岸地区无论多么干旱，也不许分水抗旱，还要往里注水，以保证漕船的正常航行。但与其交汇的河流一旦泛滥，这些洼地就成了临时水库，到近代，南运河则成了众多洪水直接入市的一条路径。1917年夏秋之际，天津五大河流暴涨，最终于9月21日冲垮良王庄、大蒋庄间的南运河堤防，并于23日进入天津市西南部和日、英、法等国租界，洪水一望无际。这也促使政府成立了顺直水利委员会，专门治理京津地区的水患。治理南运河地区水患的节点，当然落在了东淀附近的独流。所以在南运河入市前在此开挖减河，让多路洪水直接向东入海，这便成为天津南系防洪的规划。

独流的字面含义是一条流水，也就是说，在古代大清、子牙、运河可在东淀附近汇集。此地开挖减河，又有了"众河归一，独流入海"的含义。1931年，已改称华北水利委员会的机构制定了开挖独流减河的计划，1932年还曾求助国联派员予以协助，并对海河流域进行了万分之一地形图的测绘，为而后的工作打下良好的基础。但因形势、经费等诸多原因，工程时开时停。

1951年，新中国财政并不充裕，但这项水利工程还是正式开工了。人们将老东淀附近的独流及与其比邻的第六埠建为进水口，将大清、子牙、南运河汇集在一起，形成了一段共有河道。最宽阔的子牙河道成了主航道，使它在红桥区形成了西河码头。而后的行政区划将第六埠划为西青区。六埠的地名传说与大清河畔的六堡有关。独流减河当年就发挥了分洪效应，在而后的岁月里特别是1963年特大洪水期间，它直接承担了保卫津浦铁路的抗洪作用。它还促使东部的团泊洼形成了团泊水库，那里水域辽阔，环境清幽，水产资源及水生物极为丰富，盛产鱼虾，栖息着四十多种珍稀鸟类。1975年，或许是独流减河的浩渺水势感染了诗人郭小川，他写下了闻名全国的诗篇《团泊洼的秋天》，因这首诗歌，让独流减河与团泊洼有了人文精神，也引起人们探究独流历史文化的兴趣。

独流的河

■ 刘景州

　　独流镇是大运河岸边码头重镇，老陈醋香了餐桌几百年，自有甘甜的御河水一份功绩在。明代汀州知府张宁，有夜宿独流诗云："霁月中天见绛河，黄流满地漾金波。荒坡野火兼渔火，短棹吴歌杂楚歌。去雁已连家信远，闲鸥岂识客愁多。江南二月花如锦，枉负归期奈尔何。"这是张宁夜宿在船，观察到的独流镇景象。他为我们描述了五百多年前，大运河上初春雨后的月夜风光。他眼中的天就是霁月，地就是黄流金波。月光和河坡上的野火、渔火，把河面映照得红彤彤。大运河里流淌的，则是滚滚的黄泥汤。

　　笔者家乡的马厂减河，就是引御河水的，对这黄流金波，曾经司空见惯。大运河由于漳河、卫河的流入，把黄土高原的黄沙土传递到了流域两岸，据检验，这种黄泥含有大量的氮磷钾，是沿海稻作区改造盐碱地的肥土。著名的小站稻，米质之优，颇得益于这种泥土。黄泥沙逐年淤积，遂使灌渠的河床高于河堤。御河水是甘甜的饮用水，饮用御河水要加入明矾搅缸，黄泥沉淀于缸底半尺厚。

1951 年，为防洪考虑，减少海河流量，国家确定开挖独流减河。由独流镇北第六堡穿越大运河，和子牙河、大清河联通。引大清河水，向东南到万家码头，注入马厂减河。1952 年秋动工，1953 年夏完工。

最初的独流减河，是对马厂减河的补充，十分有利于小站稻作区的灌溉。但到 1968 年，为保证大港油田的防洪安全，实施了独流减河扩建工程，兴修了北大港水库，使独流减河跨越马厂减河，进入北大港水库，由唐家河入海。扩挖后的独流减河，下游河面宽阔近千米，万家码头西千米桥跨越独流减河，桥长就有 1029 米。扩挖的独流减河把马厂减河裁为两段，南运河水、海河水作为小站稻作区复合水源的格局被打破，小站稻靠御河水浇灌的水利，因而成为旧梦。

独流与运河

■ 郭凤岐

　　近1800公里长的京杭大运河，流经天津等六个省市的几十座城市，沟通海河等五大水系，是世界上最长的人工运河，演绎了波澜壮阔的历史画卷，孕育出丰富多彩的华夏文明。

　　京杭大运河的开通，不是一蹴而就的，经过了多个时期的多次开挖。在大运河的贯通中，独流曾经发挥了枢纽作用。在海河水系形成之前，海河平原的河道变迁，大致分为三个时期。第一，史前时期，海河平原的漳河、滹沱河、永定河、滦河等，河网密布，支流众多，故历史上多有"故渎""析津""别河""九河"的记载。第二，商周时期，黄河流经海河平原，今海河水系中大清河水系及其以南各水，都流入黄河；以北的永定河、潮白河水系，分流入海。第三，战国至西汉时期，随着黄河的迁徙，海河平原水系逐步由众流归一，变成分流入海，其河流大致分为虖池河、泒水、治水和沽水系统。虖池河即今滹沱河，在北大港与团泊洼之间入海；泒水即今沙河，在天津南入海；治水即永定河，在泉州（今武清境内）入海；沽水即今白河，经北运河在泉州入海。

东汉时期，曹操开挖的河渠工程，对海河水系的形成和大运河的开通，都起了重要作用。此时，黄河逐渐向南改道，对海河平原的水系影响越来越小，原来入黄河的洹水，也改入滹沱河系。

东汉献帝建安九年（204），曹操为了进攻袁绍余部，在河南的淇水入黄河处修筑枋堰，"遏淇水入白沟，以通粮道"，使淇水导入白沟，并脱离黄河而纳入海河水系。两年后（206），曹操为了北征乌桓，开凿平虏渠，南起滹沱河畔的青县，北上泒水的独流镇，长约50公里，沟通了滹沱和泒水两大水系，汇合后始称清河。这一段，同样是大运河的早期开发，这一开挖地段在河北与天津。

隋炀帝于大业四年（608），开凿永济渠，从河南武涉沁水，疏浚旧道，南达黄河，北通涿郡；由涿郡北达天津独流镇。此举使大运河南北沟通，长达1400多公里；将黄河与海河、淮河、长江等水系联系起来，奠定了天津四通八达航运的重要地位，为天津的发展提供了得天独厚的条件。此后，在长达一千多年的历史长河中，海河水系虽经分分合合，但却保留了其基本格局。

金代，改凿运渠，使大运河经由天津城区。在金朝建都北京的61年中，前52年的河漕，南来后由静海独流折向西，经过冀中洼地的永济渠旧道，运往京城，而不经过潞河。金章宗泰和十二年（1205），改凿了卫河（御河、南运河）运渠，使河漕从静海独流北行到三岔河口，然后转潞水（北运河），溯流达通州，再至京师。天津的三岔河口成为漕运枢纽，天津成为大运河漕运的大通道。随后，天津加快了发展，地位更加提高，南运河开凿不到十年，即1214年（金贞祐二年）前，就建立了直沽寨。大运河的贯通，给天津带来了飞跃性的变化。后来，经过元代海漕，明代的河海两漕，天津于明永乐二年（1404）设卫筑城，揭开了天津城市发展的新纪元。

独流的漕运

■ 李恩红

　　过去，运输大多依靠河道，以商贸繁盛著称的独流过去是水旱码头。自清咸丰十年（1860）天津开埠后，内河航运从南北物资交流转向华北地区内的物资交流。随着内河航运的发展，独流的水路运输得到很大发展，并在独流大街娘娘庙前建立了独流货栈，成为南北水路通道的枢纽，老百姓称之为船工靠岸休息的"打尖地"。每到夜晚，在老桥口娘娘庙附近的运河岸旁，停泊货船好几十只，河上炊烟袅袅，远看一河灯光，呈现出一派繁荣景象。

　　据独流工商街李万鑫老人讲，明末清初时期，独流就有漕运了，到清光绪年间，漕运已形成相当规模，全镇养船户有200多家，船工大约2000多人，最大的船户是王家、于家、赵家、吕家、朱家。这几家的船又大又多，雇佣的人工也多。据独流镇政府老干部张春山讲，王家先辈王福恩靠养船发了家，给四个儿子每人置办了一条大船。按当时的价格每条船值十万大洋，这几条船全是"对槽"，载重达到一百多吨，弟兄四个分别雇佣了船夫、纤工几十人，他们依靠养船成了独流有名的富户。还有老赵家，赵家有一位被称为"赵破榜"的先辈，原本是穷苦出身，后来得到一位郎中先生的资助，置买了一只小船，在南运河、大清河跑运输。一次因为遇险船翻，整船货物淹没水中，赵破榜东拼西凑地凑足赔偿费用送到货主家。主家看到赵破榜如此讲究诚信，非但没有斥责，反而将钱如数退给赵破榜，让他重新置办大船。赵破榜非常感激货主恩德，立誓要奋发图强大干一场。后来，赵破榜的实力越来越大，成了拥有六只"对漕"的大船家。经常去保定下河南，因为他的船体已经超过河南的船家，被人们称为"盖河南"。赵家家业也随之膨胀，置买良田、修造房屋、开办店铺，还有了赵家佃户村。赵家后人多有文化，有的还当了高级干部。至今在独流地区还流传着一句俗语："赵破榜发财，赶上船了。"

过去独流镇曾拥有两条水路客运航道，一条是南运河，一条是子牙河。水运客栈就设在独流大街南头的老鱼市。

南运河上的航线叫津泊航线，1914年就开通了。这条航线是从天津出发，沿运河南下，经过独流、唐官屯、青县、泊镇等地，因此定名为津泊航线，全线长187公里。那时独流镇去天津的机船，也叫小火轮。1936年，国民党二十九军军长宋哲元任冀察政务委员会委员长时，对南运河下游河道进行疏浚，使航线有所延长。中华人民共和国成立后，由于公路、铁路的迅速发展，这条航道取消。

另一条航线是子牙河上的津磁航线，1914年开通。这条线的下游在子牙河航行，上游在滏阳河航行。刚开通时，原定北起天津经独流镇南至磁县。后来由于上游的滏阳河水量不足，改为北起天津，经杨柳青、独流、王口、南赵扶、双摆渡、沙河桥到河间县的盛家桥，航程为195公里。津磁航线在20世纪70年代停航。

独流入海减河工程

■ 杨仲达

　　从天津市档案馆馆藏档案来看，中华人民共和国成立前已有"独流入海减河"工程，最早为日伪时期伪建设总署工程局的"为修独流入海减河工事用地收用本署陈家台善田地"一事。

　　独流并非河流，乃一古镇，因大清河、子牙河、南运河在此汇流而得名。当然，清顾祖禹的《读史方舆纪要》中载，"旧《志》云：黄御河支流。自兴济县北流，经县境，又北流，入于易水，谓之独流水"。也就是说，独流，古时确为一河流，而多年变迁，该独流水已不存，而独流镇存今。而现今的独流减河，是为排解天津一带水患而人工挖成的，清代即筹谋在此泄流，雍正五年（1727），在静海县岳家园子北兴建滚水石坝减"泄涨溢洪水，下入宽河"，因地处独流镇，故取名独流河。独流镇因水而名，而独流河却又因镇而名。

　　如今的独流减河，自然不是清代那条独流河，但却有传承关系。它的起点位置在西青区上辛口乡第六埠村外大清河与子牙河汇流处，三河交汇形成三岔河口。建于1969年的进洪闸是这里的标志性建筑，也是

13

连接静海区与西青区的一条重要通道，与第六埠村隔河相望的即是独流镇。三十年前我少年时，曾数次与家弟一起到该村友人家小住，饱览三河交汇的独有风光，并到独流镇上一游，其热闹景象至今不忘。

档案所载"独流入海减河"，即独流减河。从字面上看，即可知入海这个动词是目的，而减河的减字即分流泄洪之意。有不少人固执坚持其应是碱河，大约有碱水之河的意思，并不正确。

天津地区水患频频，上世纪即曾发生过三次重大水灾。在1917年水灾之后，水利部门曾作开挖独流减河规划。1939年水灾之后，日伪建设总署工程局始筹备独流入海减河工程事宜，并于1942年开工，然而因为劳力、资金等诸多困难而停工。独流减河真正的开挖工程，是在中华人民共和国成立以后进行的，如今翻阅档案，抚今追昔，可以真切地感受到前人的开拓，颇有海晏河清之慨。此项工程，论证及参与施工的单位有很多，如市工程局、建委、勘察设计院、水利处、长芦盐务管理厅、防汛指挥部和华北行政委员会农林水利局、省水利厅等多个部门，可见当年工程的浩繁。工程是在1951年秋开工，1953年7月告竣，但这只是初步告竣，此后它在上个世纪六七十年代又经历了多次扩建和维护，成为北方的一条宽阔的人工河。

独流入海减河，水面宽阔，两岸平坦，奔流入海，有效地成为海河的支流大清河的泄水通道，疏导了天津地区的洪水。诚然，它不是经过海河入海，而是直接入海的，这也就是在减河之前冠以"入海"二字的缘由。那么，这条河流是在哪里入海呢？是在现今滨海新区的大港。著名诗人郭小川曾在团泊洼的"五七干校"劳动，并写下《团泊洼的秋天》一诗："蛙声停息了，野性的独流减河也不再喧哗……"

独流减河工程

■ 陈秀荣

  独流减河，因河道源于独流而得名，是海河流域一条人工河道。据《海河志》记载，河道从静海区独流进洪闸开始，流经静海、西青、滨海新区南部，至海口防洪闸，全长67公里，河道为东西走向，基本沿着静海北部边界而行。独流减河是中华人民共和国成立后扩建的大型水利工程之一，曾被纳入全国人大《关于发展国民经济第一个五年计划报告》，周恩来总理在1954年政府工作报告中说，"独流减河工程是过去几年修建的大规模水利工程之一"。

  这么一条地方河流，为什么会提到如此重要的地位，且听我慢慢道来。

  独流减河，是天津市一条重要的行洪通道和南部防洪重要防线。它属大清河水系，是引泄独流减河、大清河和子牙河直接入海的人工河道。历史上，南运河既有舟楫之利，也有水患之害，因而兴利除弊始终是历代统治者治理南运河的基本方针。兴利，就是"引水济运"，以保证南运河常年通航；除弊，就是开掘减河，杀减水势，以减轻洪水危害。

为了避免南运河洪水成灾，明朝时在独流以南先后开掘了哨马营、兴济、四女寺、捷地等四条减水河，但到清初多已淤塞。雍正三年（1725）大水，独流以北的南运河不能接纳，洪水从独流一直漫到西沽，给人民生命财产造成巨大损失。第二年（1726），怡亲王提出在独流一带的权家口开挖一条减水河，以减运河汛水，但在御前会议上，因多数大臣怕破坏漕运而罢休。

乾隆五年（1740）筑南运河东堤时，在独流附近的岳家园北部建了一座滚水石坝，下入宽河，以减泄洪水。嗣后，滚水坝日久淤积堵塞，宽河改为沥水疏泄水道。

1917年海河流域大洪水，运河两岸几乎全部被淹。为防治水害，1918年成立顺直水利委员会，在其治本计划中，规划了开挖独流减河方案。初时设想直接入渤海，后改为从咸水沽以北入海河，但因各种原因，计划未能实现。

1939年，海河流域又发生大洪水，南运河多处决口，津、静地区大部被淹。洪水过后，日伪统治者为维护其在津静一带利益，命令伪建设局、伪天津工程局操办开挖减河。他们参照顺直水利委员会治本计划，于1942年动工，到1944年春因劳力、资金困难被迫下马。

中华人民共和国建立后，治理海河水患摆上了中央人民政府议事日程。为了宣泄南运河、子牙河、大清河的洪水，1951年经国家建委批准，正式确定开挖独流减河。该河西起静海区独流镇附近的进洪闸，流向东南到万家码头，穿越马厂减河，入大港围堤，经工农兵防潮闸入渤海。1952年5月初，天津市召开了独流减河全面施工总动员大会。是年10月，调动天津专区的武清、安次、永清、静海、霸县、文安、大城和沧州专区的沧县、黄骅、建国、肃宁、河间、任邱、交河、青县共15个县的6.12万治河大军，开入工地，破土动工。

1953年4月，减河春工开始。这次动工除动员津、沧两个专区15个县民工外，还调来天津市、河北省的劳改队总计8万多人投入治河工程。据统计，第一期挖河筑堤工程，共用工14万多人，历时80天，完成土方计1222.6万立方米。减河上段宽400米，下段逐渐加宽到1000

米，长 44 公里，大港围堤内 26 公里，保障流量 1020 立方米/秒。二期扩挖工程由河北省水利部门主持设计施工，1968 年冬动工。河道按保证流量 3200 立方米/秒标准，扩挖进洪闸至万家码头 44 公里主河道。拓宽工程 1969 年汛前完工，共完成土方工程挖方 6200 万立方米，填方 800 万立方米。独流减河拓宽后，与其相应入口的进洪闸也进行了扩建，修建入海口工农兵防潮闸。

经过前后两期工程施工，在华北大地上一条宽 1000 米、长 70 公里的泄蓄两用河全面贯通，它不仅担负着大清河洪水和沥水入海的任务，确保天津及津浦铁路安全，而且还通过团泊水库、大港水库汛后蓄水，用于工业和农田灌溉。

再到独流减河口

■ 李学韩

　　独流减河口在天津市滨海新区塘沽地域，位于原塘沽区的最南端，这里是塘沽盐场的制卤场，一望无边水波涟涟的盐汪子。独流减河口建有一座宏伟的防潮闸，原名工农兵防潮闸，1993 年改名为独流减河防潮闸。防潮闸前方是广阔的潮间带，其上有一条人工挖掘的引河横穿盐汪子通向大海。

　　独流减河原来并没有入海口，它的末端注入北大港，是补充北大港的重要水源。北大港距海原有十多公里的潮间带，如遇大风暴潮就被海水淹没，成为一片汪洋。海河流域少雨干旱的年景，这里是长有黄蓿草和杂草的荒野，为蝗虫提供了滋生条件。而当海河泛滥，北大港的水暴涨，漫过边际，这里就形成大面积的漫流归入大海。大自然用这种方式来调节北大港的水量。洪水过后这里遍布沼泽或沟壑，为蛤蟆提供了生存条件。这片广阔地域既无村落，也无道路，几绝人迹，人们俗称"津南跑水洼子""旱了收蚂蚱，涝了收蛤蟆"。

　　以前，有大量黄骅和盐山的贫苦农民到塘沽盐场打工，当时交通困难，只有绕道沧州、天津的火车来塘沽。贫苦农民无钱乘坐，只能徒步而行。现在的独流减河入海口一带正是从黄骅到塘沽的必经地段。早春衣着褴褛的农民身背简单的铺盖卷，三三两两地结队通过几十里的泥泞潮间带去上工，遇上沼泽不得不光脚蹚过冰冷的海水。夏季晒盐结束，又拖着疲惫的身体蹚着泥水回家。这里不知留下贫苦农民的多少艰辛，提起"津南跑水洼子"人们就把它和荒凉、苦难联系在一起。

日本侵华时期，为掠夺华北地区的盐资源，日本经济侵略机构华北盐业公司收购了上古林一带沿海荒滩开发盐田，这就是现塘沽盐场制卤场前身。他们沿海岸线筑起一道十多公里的海挡，挡住了独流减河漫流的出路。其间，海河几次泛滥，洪水淹没天津大片地域。1963年海河特大洪水，威胁天津安全，解放军奉命爆破海挡，炸开几公里的缺口，爆破声几十公里外都能听到，肆虐的洪水形成漫流再由这里归顺了大海。1963年特大洪水过后，海河水系开始综合治理，独流减河口有了现在的面貌。

今天再到独流减河口，防潮闸两岸是高高的堤坝，向西俯首望见笔直的河道像嵌入大地的银色彩带，向东眺望是一条泛着波浪的引河伸向大海。这条引河是连接大海和防潮闸的通道，海上归来的渔船顺流驶到防潮闸前，停泊在这里等待卸下收获的海产。堤坝成为临时渔港。防潮闸两侧有不少人抖起鱼竿，在此垂钓休闲。

防潮闸前方广阔的海滩上，建成了高架高速公路，一排巨大的桥墩沿海岸伸向远方，桥面上汽车川流不息，它是环渤海地区的交通命脉。独流减河口也是大港油田重要的采油区，广阔的海滩上采油机星罗棋布，摇动着巨臂汲取着地下原油。远方大海天水相连，碧波万顷之上竖立着几座雄伟的石油平台。偶有灵巧的气垫船轰鸣驶过海滩接送着石油工人。

独流减河保卫着天津滨海的安全，也为滨海带来了繁荣。

独流的水上交通

■ 老 愚

　　独流因三河汇集得名。以河为依托、以船筏为工具的交通形式，在独流人出行与运输方面占据重要地位。据史料记载，当年独流水上交通主要有三条航道：

　　第一条是南运河航道。南运河系京杭大运河天津至山东临清的一段，是京杭大运河的组成部分，长400公里。历史上，南运河或部分南运河曾是东汉末年开挖的平虏渠和隋代开凿的永济渠故道。隋唐时，以此河道运送军需。宋代庆历至崇宁年间，又成为黄河北徙的河道。元明清三代，南运河又为漕运河道。南运河航道的宽窄不一。据日本昭和十六年（1941）《支那省别全志》记载："杨柳青经独流至静海间，河幅宽100米，水面宽20米。南运河全段水深7～9尺不等。全线舶船交通自由，舟运繁忙，只有冬季结冰期间，舟航停运。每年，冬季运河结冰，最厚可达3尺，不能通船。停航时间为十月下旬至第二年一月中旬。一至六月为减水期，七、八月为增水期，九月上旬为航运最盛期，九月中旬至十月为常水期，十月下旬至第二年一月中旬为结冰期。"

南运河航道中，民国初年辟有"津泊航线"，是天津至河北省泊镇的重要内河航线，航程187公里，独流镇是这条航线上的重要码头。

第二条是子牙河航道。子牙河位于独流镇西部，源于山西省太行山区，流经河北省西部。其上游有两大支流均属通航水道，北支为滹沱河，南支为滏阳河，两河在献县臧桥合流为子牙河。该河至六堡村入独流镇界，流经李家湾子、七堡、八堡、九堡、十堡、独流镇，至十一堡与南运河交汇，再至天津红桥区与北运河合流入海河干流，注入渤海。臧桥以下为子牙河航道，因滹沱河汇入，河槽较宽，一般为80至100米。子牙河在独流镇的航道，河面宽约65米，水深约6米。

该航道民国初年辟有"津磁航线"，由天津至河间县沙河桥，航程165公里，独流镇是这条航线的主要码头。

第三条是大清河航道。因大清河到独流镇汇入南运河，故这里的船只主要向西运送货物。主要码头有苏桥、史各庄、新安等，最远可到保定。

当年，独流镇内河航道的主要运输工具是木船。各类木船载重量各异，最大的是100吨对槽，最小的为10吨单船。船的种类也多，但形状大致相同，最常见的是粮划子船、炮划子船及标船。随着内河航运的发展，独流的水路运输也得到发展，并在独流大街娘娘庙前建起独流货栈。清朝光绪年间，独流镇的货运已有相当规模，养船户有200多家，船工2000余人，货船最大载重量近200吨，一般船只载重量40至60吨。由于船体大，载重多，独流的货船曾有"盖河南"之称。是时，货运北起天津，南至河南新乡，货船从河南装回粮食，再将独流的蒲苇编织品、农产品和酒醋等产品运往天津、河南等地。除独流货船外，还有许多外地货船在此"打尖"（靠岸休息），每至夜晚，在老桥口娘娘庙附近的运河岸旁，停泊货船数十只，炊烟袅袅，一河灯光，别有一番景象。

清朝时，独流镇已建立了船业组织——船会。船会按片划分为南街和北街两个船会，每个船会都有会长。

由于运输船只载重量大，行船时，河道上必须有拉纤的，才能使载重船行船顺畅，若遇顶风天气，纤夫十分费力。为了劲使在一处，因此船工创造了摇船、拉船的劳动号子，喊叫起来非常动听和豪迈。

据史料记载，1914年南运河和子牙河分别开通了津泊、津磁客运航线。客轮票价分头、二两等，头等比二等贵一倍。是时，乘二等舱一站票价为1角左右。中华人民共和国成立后，随着公路、铁路的迅速发展，水上客运航道逐渐消失。

运河岸边古码头

■ 李 杰

　　京杭大运河在独流东侧缓缓绕过，为独流营造了良好的发展环境，也为独流带来了数百年的商业繁荣。有了运河，就有了漕运，就有了独流码头。

　　人们在独流大街娘娘庙前建立了货栈，成为南北水路通道的枢纽。最初的船都是靠人拉着走，一开始的独流码头其实是人们为方便运输，用铁锹处理出的一个坡道，是一个装货卸货的集中地，码头上没有建筑。独流码头是顺着河堤的走向和货物的不断增加而自然形成并逐渐扩大的。随着货物往来的增多，有人在河堤岸坡上做成平台和梯路，船靠岸后把跳板安放稳当，人们沿着这个坡道或梯路运货，再通过跳板把货物扛到河沿上的货站，货站再把货物用马车运走。当然，销往外地的货物也很多，货站的工人从马车上卸下货物，再由装卸工扛到船上运走。独流码头主要往来的货物是建筑材料、烟酒、粮食、布匹、酱醋以及日用百货等。

　　据《静海县志》载：清朝咸丰十年（1860）天津开埠后，内河航运逐渐代替了漕运，处于南运、大清、子牙三河交汇的独流镇，便成为华北腹地与天津之间物资交流的主要转运地。随着水路运输的兴旺，也带来了独流商业的日益繁荣。因此，也曾吸引了朝廷命官纷至沓来，也曾有过金钗玉坠招摇过市，就连清代皇帝乾隆沿运河南巡路过独流，也曾弃舟登岸，品酒尝鲜。清朝宣统三年（1911）津浦铁路通车，并在独流设立火车站。随着陆路交通中客运、货运的开通，使独流镇的商贸业更趋活跃。

据几位世居独流的老人讲，过去的独流码头特别热闹，水运很繁盛，船来船往，码头上灯光明亮，彻夜不息。运河之上，百舸争流、商贾云集，两岸货畅其流、店铺林立，成为运河沿线著名的商业城镇。漕运的兴盛和码头的作用也带动了各业的发展与繁荣，酿造业、建筑业、铁货业、饮食业、服务业等一大批多种行业的商号开业于独流街道之上，据有关资料记载，清朝同治、光绪年间，独流镇有商号115家；到清朝末年，大小店铺增加到1000余家。

后来，随着公路、铁路等陆路运输业的发展，物资运输逐步由水上运输转向陆路运输，运河漕运市场逐渐萧条，货源不足，绝大部分船民弃水登陆。于是，货栈消失了，码头荒芜了，但老货栈、老码头遗址还在，人们经常会去运河边上遛弯，走走看看，心里总是觉得特别亲切。

如今，独流古码头已经成了历史遗迹，但独流人的运河码头情结却难以抹掉，并时常在人们的言谈话语中被提起，成为了一种骄傲与自豪的表达。

独流的桥梁

■ 张宝军

　　河是城镇的命脉，桥是故乡的象征，一座桥就是一段历史。独流河流纵横，洼淀较多，村镇之间多被水横断竖隔。为使陆路交通方便，独流及周边村庄建了许多桥梁。

　　随着时间的消逝，那曾经在独流历史上发挥重要作用的桥梁，在人们的生产生活中，有的已不再使用，有的不经意间被悄悄遗忘，让我们揽着浓浓的回忆，走进独流那熟悉并陌生着的桥，勾起人们对独流桥的回忆。

　　独流叠道桥　系独流附近津保路上的桥梁。旧有大桥一座，涵洞桥，乾隆八年（1743）又添建七孔桥一座，因地势低洼，连年子牙河汛水涨发，直注独流镇，叠道时被冲刷，故乾隆二十五年（1760）又添五孔桥一座，嘉庆十一年（1806）增修木桥四座。

　　子牙河独流桥　位于独流镇西的子牙河上，清朝乾隆年间由吕震修建。嗣后，这里的大桥损废，改为义渡。旧志记载："子牙河独流镇西，旧有大桥，嘉庆间损废无存。公一日有事于独流，无船可渡，临河而返，故造大船一艘，舍为义渡。"

旱桥子 建于清光绪年间，坐落于团结街团结胡同西口。木结构，圆木为桥柱，上铺木板，载重2吨以上，能过木轮大车。1914年翻修一次，后因建庄拆毁。

小桥子 建于1917年，木结构，坐落于小桥子街口，载重量达30吨，是通往台头、王口、文安、霸县的交通要道，后因修公路拆毁。

子牙河大桥 建于清朝咸丰年间，木结构。以圆柱为桥墩，上铺横梁木板，载重量为3吨。坐落在子牙河九十堡村头，是通往霸县的交通桥梁。因年久失修，桥墩腐蚀，1917年闹大水被冲塌卷走。嗣后改为摆渡，以便往来行人及货物。

独流浮桥 建于1931年，木船横搭，坐落在独流镇境内的南运河上（现在的新桥西），由独流商会操办，杨再小监工。1939年因已修木桥拆除。

独流木桥 位于独流镇南部，1938年由日本人修建。木结构，以圆木做桥墩，上铺横木，面上铺厚木板，载重3至4吨。东通新民路独流老火车站，西通独流二道街，是独流镇水旱交通运输的主要桥梁。

老进洪闸桥 位于十一堡村北的南运河和独流减河交汇处。1952年10月动工，1953年7月竣工，耗资253万元。建闸八孔，每孔净宽13.6米，弧形钢板闸门，底板高3.7米。

新进洪闸桥 位于老进洪闸南侧。全长289米，桥面宽6米，载重15吨。闸有中孔二十三孔，边孔二孔，均有平板直升翻转铁闸门控制，另有两孔不设闸门，计为二十七孔。孔宽均为10米，底板高程1.06米。新闸由河北省海河指挥部独流闸设计组设计，天津地区及河北省海河指挥部联合施工。

引河桥 位于十一堡村北的引水河上，1969年由天津水利局修建。桥长31.5米，宽6米，人行道0.25米，桥高4米。桥分三孔，每孔10.5米。载重15吨。

大庆桥 位于九十堡村的子牙河上。1968年由天津地区水利局设计，独流镇建桥队建造。桥面长80米，宽5米。桥分八孔，每孔9米。

桥面为微弯板，变截面灌注桩，载重 8 吨。已拆。

低水闸桥 位于十一堡村北的独流减河上。1978 年由天津水利局修建。桥梁上部结构为"T"形梁，下部为双排式变截变面灌注桩。桥面长 100 米。桥分十孔，每孔 10 米，载重 15 吨。1987 年镇政府投资重建。

争光渠桥 位于王庄子村东的争光渠上。1976 年由县水利局设计并建造。桥的上部为板梁，下部为双排式灌注桩。桥面长 18 米、宽 6 米，桥高 3.8 米。桥分四孔，每孔 4.5 米，载重 15 吨。

独流新桥 位于独流镇中心的南运河上。此桥东通天津，西通台头、胜芳、霸县、文安等地区，南通静海、沧州，北通杨柳青、武清区。1979 年修建，双曲拱结构。桥面长 35 米，宽 6 米，混凝土桥面。一孔，载重 15 吨。此桥为民办公助桥，由独流镇建桥技工修建。1999 年，镇政府投资重建。

安定桥 位于独流镇西的生产河上。1979 年由县交通局设计，独流镇技工建造。上部为双曲拱结构，下部为一字形砖。

铁路二十五孔桥 位于独流镇南部的京沪铁路上。二十五孔桥又名避溢河桥，1939 年由日本人设计，中国人修建。桥长 520 米，高 10 米，上承板梁。1949 年初，抢修津浦铁路时，为缩短工期，迅速通车，曾废此桥。1963 年大水灾后，重新启用。

独流立交桥 位于独流镇南部的京沪铁路上。该桥 1980 年 10 月动工修建，1982 年 8 月竣工，共投资 145.6 万元。桥长 27.5 米，引道长 1007 米；路宽 9 米，桥高 4.9 米。

从上述简单的罗列，可以看出桥对独流这座依水而建的小镇情有独钟，它在独流人们的生产生活中，发挥着极为重要的作用。

独流的运河集镇

■ 晓　栋

　　独流自古便是重要的水旱码头，扼守京、津、鲁、豫、冀水陆交通要道，旧时漕运船只往来如梭，一派兴隆，成为华北地区重要集镇。小镇因漕运而兴，依运河而建，旧时的独流民居古拙，大大小小的台、阁、寺庙也有十几座，既有嘈杂的市井喧哗，又有小桥流水人家的气韵。这里出产的"独流老醋""独流老白干"闻名于世，各种小吃也颇具特色，形成了自己独特的运河集镇文化。

　　据文献记载，宋代至清代是我国集镇社区由定型至初步繁荣的阶段。北宋初期，在南北各地的农村中，已出现了定都的集市，当时称之为草市、墟市、坊场。米、谷、麦、豆、果、柴、器皿、布、帛、衣、鞋、鸡、鱼、猪、马、牛、羊、驴等，都要到市场买卖。特别是明清之际，农业的种植已不是单一的粮食作物，经济作物越来越多，自给自足的自然经济开始解体，大量集镇应运而生。由于独流特殊的地理位置，加之当地百姓的勤劳智慧，独流成为商品集散地，引来四方商贾到这里开店赚钱。运河沿街道是一家连一家的店面，有着鲜明的特点，店小铺多，照当地百姓的说法，七十二行，行行都有，书馆、茶社、戏楼、钱庄、粮店、铁匠铺、饭馆、火烧店、豆腐坊、客栈……除了店铺，还有许多行贩小商沿街叫卖，运河沿街每天都是摩肩接踵，市声喧哗。每到农历三、八，是独流的传统大集，四里八乡的百姓都来了，加之行船上岸的人们，可谓人头攒动，热闹非凡。据史料记载，清同治、光绪年间，独流镇就有商号115家，到清末独流已发展到大小店铺一千余家。一些带有运河特色的食品，在独流发展起来，形成了独流的独特风味，其中比较有名的美食包括曹三焖鱼、张四火烧、尤记锅巴、独流合炒、独流焖饼等。

民国以来，独流集市依旧繁荣，1931年7月4日天津《益世报》刊载文章称："静海北区独流镇，位于运河、子牙河、大清河三河中间，毗邻津浦铁路，密迩天津，为本县第一重镇，水路交通，均称便利，人口众多，商业繁盛。独流出产的干醋、干酒、老醋、酱酒、粗器、国布、蒲包、蒲席、苇篓、苇席、苎麻（又称青麻）、苇草、蒲棒、灰煤、豆油、豆饼、花生、果油等异常丰富，各地买卖客商随时云集……"

随着集市贸易的蓬勃兴起，独流成为商埠重镇，驰名华北。

档案记录独流镇兴衰

■ 周利成

　　宣统二年（1910）正月，静海县独流镇设立商会，乾合顺酒行经理朱尔濂任会长。当时独流镇虽有居民千余户、商民千余家，但因静海县署税收过重，各牙行行规佣金也随之水涨船高，外地客商和附近商人不堪其苦，不再涉足，致使独流镇商业日渐衰微。

　　宣统三年（1911）四月，为重振商业，挽救商民，朱尔濂、郑汝重、杨甲春等商人呈文天津商务总会，倡议仿照天津怡和斗店模式，在独流镇招股5万元，创办通惠有限公司。现存于天津市档案馆的这件档案，记叙了独流镇辉煌而悠久的历史，分析了光绪后逐渐走向衰落的原因，更是了解独流镇历史的一份珍贵史料。

　　呈文称："独流为静海首镇，系三河码头，户口殷繁，商贾辐辏，素称繁富。凡静海县各牙行行头，皆设在独流，各行头应行有凭司帖者、有凭县谕者，各行中尤以斗行为大宗。查咸（丰）同（治）年间及光绪初年，四店八局，斛斗并用。杂粮每石斗用不过京钱二十文，每年销载不下二百万石。当时众商云集，地面丰富，各行办理县署公务，亦无遗误。"

然而，这种状态没有保持下去，"嗣后办理不得其人，斗户又屡有倾骗粮客之事，外埠粮客因之裹足不前。该镇码头遂日见凋敝。而斗户所得斗用亦不敷办公，遂逐渐增长行规。是以先年斗用二十文者，涨至三四十文，今已涨至七八十文。其所用之斗，虽称官斗，又有乡粮、河下、小市之分，升合不一。乡粮斗用每石一百文至一百五六十文，在集市作卖主，铜元五枚至六七枚不等。此外，又向卖主吃升合，向买主寻酒钱，兼之车脚等行，其行规亦多不按旧章，任意增长，以致外埠粮客及附近乡民畏牙行如虎，视该镇为畏途。虽该镇向系三河码头，而河下并不住一载船，每逢三、八集日，所上乡粮甚属寥寥，不敷民间日用。惟仰借天津、青镇、静海、唐官屯、青县、兴济、王口、苏家桥、胜芳等处集船接济。而该镇各烧锅每日所用红粮、花麦不下二百五六十石，虽有各处集船接济，仍不敷用，不得不分往各处采买。是以该镇杂粮行情较比各处，每石约贵二三角，倘上集之日，一有风雨阻隔，则此集行情即突涨四五角不等。似此地面之腐败，商民之交困，真有言不忍言者！推原其故，实由于各行规之增长，而行规之增长，又借口于县署之规费太重"。

分析完独流商业衰微的原因，呈文又写到补救措施："敝分会职司商务，目击商艰，亟思补救之方针，始有合群之思想，遂联合同志，仿照天津怡和斗店有限公司章程，倡办通惠有限公司，专做招徕粮客籴粜粮食生意，借以纾商困，而济民食。以各行漫无定章，恐为前途之阻，遂邀集议员、商董，按照分会试办章程第十二条，开临时会议，详加研究。佥以为欲整顿市面，必须酌减斗行行规，欲酌减斗行行规，必先酌减县署规费，而酌减规费后，尤必须公司接办粮店，方可有济。"

宣统三年八月，通惠有限公司正式成立，它对独流镇的经济复苏确曾发挥过重要作用。

人文与商业并重的独流

■ 然 君

　　独流，最初的含义是"三河归一"，即海河水系的大清河、子牙河、南运河流经此地，恰好汇成一股，成为一条独支的河流。再往东，便注入了海河。聪慧的先民们看中了这块风水宝地，在这里建起了村落。一个北方小镇，在人文和商业两方面都能闻名于世的例子并不多，而傍河而生的独流便是其中之一。

　　宋、辽对峙时，独流是边防前哨，河水成为天然的御敌屏障，宋军在此地设立东、北两个军寨，边关大帅杨六郎曾统领此地的防务。清咸丰三年（1853），太平天国的北伐军曾多次在独流与清军激战。最后，这里成了太平军攻天津城不克而被迫饮恨回师之地。

　　独流镇素有尚武之风，故此，清光绪二十六年（1900），义和团首领张德成、曹福田在独流建立"天下第一团"，独流镇也由此成为中国近代史上农民运动的发祥地之一，举世闻名。日军入侵华北时，有一次想在此地驻军，当从老乡口中得知此地是独流镇时，慌忙连夜撤退。

　　独流镇的工商业更是闻名遐迩。早在明代，这里的工商业即已崭露头角。清宣统二年（1910）独流镇已有店铺230余家，还建起了商会。此地的工商业分为酿造、饮食、杂货等十余个门类，其中以酿造业、饮食业最为著名，数百年来，久盛不衰。

独流老醋始创于明永乐年间，闻名于清康熙初年，具有酸、甜、咸、鲜、香诸味，入口绵软，酸而回甘，与山西清徐陈醋、江苏镇江香醋并称中国三大名醋。清康熙二十二年（1683），康熙帝乘龙舟途经独流，品尝过独流老醋后，龙颜大悦，后将其定为贡品。1922年，黎元洪曾来到独流老三立醋厂，并为该厂亲题匾额"老三立"。

此外，独流焖鱼（初称"曹三焖鱼"）亦称名品。一般来讲，人们不太喜欢吃个头小的鲫鱼，因为吃这种鱼费事，弄不好还会被鱼刺扎到。独流焖鱼却能把小鲫鱼焖得骨酥刺软，且每一条都能保证鱼身完好、整齐。食客夹起一条鱼来，从头到尾，连鱼头带中间的大刺，只管闭着眼睛吃，无论多么挑剔，也绝对不会吃出半根鱼刺或一点硬渣子来。当年，"贿选总统"曹锟品尝此鱼后，对厨师的烹饪技艺十分吃惊，赞不绝口，当场赏赐了厨师。

我心中的小镇

■ 孙德民

　　独流，是让我魂牵梦萦的地方，因为这个千年古镇曾有我一段童年的记忆。

　　当年我们作为家属随父亲到独流工作，那时候，老木桥是沟通东西两岸的必经之路，桥头是个鱼市，清晨这里是最热闹的时候，刚刚打捞上来的鱼虾欢蹦乱跳，一个挨一个的大鱼盆摆满小街，熙熙攘攘的人群流动着，挑选着合适的鱼虾。我和小伙伴们提着装水的小罐头瓶挤在人流中，捡鱼家扔出的小泥鳅、水蝎子、水甲虫放进瓶子里，玩得特别高兴。

　　运河里不时有过往的木船，靠岸的大船是装卸货的，长长的跳板搭在船上。大箱包压在装卸工的肩上，他们迈着沉重的步子来回走在跳板上。

　　小镇集日是十分热闹的，天刚亮早市便是车水马龙了，清新的晨风中弥漫着炸果子、煮豆浆的香气，烤山芋的甜味让人垂涎。大人们可以向粮店递上两元钱，说出地址店员便会把一袋面粉送上家门。大街上卖布头的像唱歌一样吆喝着，各色的花布头摆满地，他脖子后面斜插一木尺，开始说唱起来，夸耀着自己的商品，常引来一大群姑娘前来挑选。

我们大院的邻居是开小卖部的，我常和他家儿子小器溜到摊前偷偷捏起红糖疙瘩放在嘴里，被大人发现喊道：快家走吧！馋猫。

大院门楼是清代建的，灰瓦翘角木椽子，石鼓门墩。傍晚常有蝙蝠从椽缝中飞出，有时从我们头顶上飞过，我们纷纷把鞋扔上去企图扣上一只！早晨常有掉在地上的小蝙蝠，像一个个小耗子，张着小嘴要吃的，我们放在小盒子里是特好的宠物。

院子里的大枣树又高又大，树荫可遮挡半个院子，我们盼着刮大风，这样就可以捡到落地的大枣。

突然一夜间街上都是志愿军，出入排着整齐的队伍，哪怕是两三个人。他们把大街小巷打扫得干干净净，每家的水缸都挑得满满的。后来听说这是从朝鲜战场回国的志愿军，独流镇接待的是209师。我们东屋住了六个志愿军叔叔，班长特魁梧，大长四方脸，眼睛不大但很有神，说话的声音像铜钟。闲下来的时候常把我举在肩上……

他们利用小草屋的空地做起了大沙盘，山脉上的草皮是用绿色染的锯末，马粪纸做的小房子很逼真，他们拿枪的大手做起手工来特别灵巧，我是他们唯一的观众，至今还记得做小房子的工序。

小镇热闹起来，每天都有各地的文工团来演出，战士们坐得十分整齐，拉歌的场面特别火爆，群众和战士陶醉在欢乐之中。

当他们要离开的时候，几位志愿军叔叔顿失了平时的笑容，一个小战士解下随身带的吃饭喝水的小绿搪瓷碗送给我妈妈：大嫂我实在没有贵的东西送您，这小碗做个纪念吧！哽咽的语气至今难忘，那小碗妈妈一直保存着。

班长抱着我妹领着我照了一张照片。看到照片时我才看到班长威严的表情，稳稳坐在那里像一座小山，他交给妈妈认真地说：大嫂留着它吧，想我们的时候可以看看……顶天立地的大汉，眼眶已经湿润了，拿照片的大手在轻轻颤抖。这张照片我至今仍保留着。

志愿军要走了，人们纷纷涌上街头为他们送行，并有花会和乐队在送行队伍中。妈妈领着我和妹妹站在高台阶上，望着远去的队伍，还看到班长不住地回头向我们招手。

　　时光荏苒，一晃六十多年过去，每当我走进小镇的时候心里总是沉甸甸的，当年志愿军叔叔们打扫干净的大街早已铺上柏油路面，大院已改建，当年的大枣树仍静静地矗立在那里，粗糙的大树干又多了些许沧桑，像一位百岁老人向世人诉说着小镇的变迁。

军政流风

独流镇巡检

■ 王勇则

民国《直隶疆域屯防详考》载："独流镇在县西北十八里，一曰独流寨、一曰独流铺。《元丰九域志》载，乾宁军北一百二十里有独流北寨、独流东寨。清于运河渡口，设有巡司驻防。"巡司即巡检司的简称。独流镇巡检司始设时间是不是在清代？而独流寨又是何时改称独流镇的呢？

根据文献记载，早在北宋，就已在独流寨设巡检了。明初又设独流巡检司。清乾隆年间，复设独流镇巡检司，置巡检一员，为静海县知县之属官。同治《静海县志》载："巡检，弓兵十名、皂隶二名，署在独流镇。"光绪《畿辅通志》又载："巡检廨在（静海县）城北独流镇。"

何谓巡检？民国《静海县志·官师志》载，巡检为"宋时官名"，"掌训练兵甲、捕除盗贼等。明清两代，距城稍远之要镇亦设之。俗称县丞，又称二衙"。静海县明清均未设县丞（秩正八品），故有此俗称。

2011年版《清代典章制度辞典》又载，清沿明制，于府州县境内关津险要所在或江河水面，设巡检司，以州县所属为主。巡检，秩从九品，职掌捕拿盗贼、盘诘奸宄等，以维持地方治安，类于如今的警官。此职属于文职中的佐杂官员，如俸满六年，可依例调取验看，甄别保荐。

关于巡检衙门的称谓，除署、廨之外，文献中亦有"巡检汛"之称。"清代管河州同、州判、县丞、主簿、巡检之衙署所在地，也称为'汛'。"而独流镇巡检，清代也负有管河之责。

宋代始设独流寨巡检

北宋，巡检"掌巡检州邑、捕诘盗贼之事"，职分都巡检使、同都巡检使、巡检使、同巡检使等，名目较多，"沿边又有巡检、都监之名"，"及沿边寨或路当险要者，亦因其地为名"。

《〈宋会要〉辑稿》卷七载，宋治平二年十二月二十八日（1066年1月26日），宋英宗诏："界河巡检三员，自今当以一员屯独流寨、一员屯信安军（今霸州东）、一员居霸州，治本司事。仍一月一出巡，每季番休相代。"宋治平三年十月，又以"泰州团练使郭绪为沧州总管，兼雄、霸州沿界河至海口及沧州界沿河都巡检使"。

因宋辽对峙，遂以海河、大清河等为界河。太平兴国七年（982）置乾宁军，辖独流北寨、独流东寨等六寨，均为设兵戍守之防地。独流二寨（在北宋《武经总要》《元丰九域志》中均有记载），初属乾宁县（青县前身）。

乾隆《天津府志》载，独流二寨均"以滨独流河而名，皆宋人所置，金废"。

又据《金史·百官志三》："诸知镇、知城、知堡、知寨，皆从七品。"可见，掌一寨政务者，曾称"知寨"。金代废独流寨后，改设独流镇的具体时间未详。已知明初已有独流镇的设置。如《明实录》宣德元年八月丙子（1426年9月16日）载，明宣宗"驻跸静海独流镇"。

乾隆《御制诗四集》卷三十六《独流览古》诗云："独流北复独流东，河渠志纪宋元丰。尔时尚应为内地，然已防御谨其冲。""当城筑寨严备北，咸平建议更在昔。寇准孤注徒尔为，北强南弱由来识。""界河划疆各守边，燕巢无事安以权。不记创业艺祖语，卧榻侧岂容人眠？""勃兴崛起风云盛，匪其时合静以听。即欲有为当择人，何至谲计遣马政？""谋燕反致失中州，寒盟自召祸有由。非常事付庸劣辈，空贻笑柄千秋留。"独流寨的军事意义和历史内涵，从乾隆帝的感慨中可窥一斑。

明代曾设独流巡检司

明初已设巡检司。《明史·职官四》载："巡检、副巡检，俱从九品，主缉捕盗贼、盘诘奸伪。凡在外各府州县关津要害处俱设，俾率徭役弓兵，警备不虞。初，洪武二年，以广西地接瑶、僮，始于关隘冲要之处设巡检司，以警奸盗，后遂增置各处。十三年二月，特赐敕谕之，寻改为杂职。"

《大明会典》卷一百三十九《兵部二十二·关津二》对巡检司的设置有明确规定："洪武二十六年（1393）定，凡天下要冲去处，设立巡检司，专一盘诘往来奸细，及贩卖私盐犯人、逃军、逃囚、无引面生可疑之人。须要常加提督，或遇所司呈禀设置巡检司，差人踏勘，果系紧关地面，奏闻准设。行移工部盖造衙门、吏部铨官、礼部铸印；行移有司，照例于丁粮相应人户内，佥点弓兵应役。凡巡检司不系紧关，应裁革者，具奏，行移吏部削除官制，礼部拘销印信，弓兵发回有司当差。凡军民人等往来，但出百里者，即验文引。凡各处巡检司纵容境内隐藏逃军，一岁中，被人盘获十名以上者，提问如律。凡运粮马快商贾等船，经由津渡，巡检司照验文引。若豪势之人，不服盘诘，听所司拿送巡河御使郎中处究治。凡军民无文引，及内官内使来历不明，有藏匿寺观者，必须擒拿送官，仍许诸人首告，得实者奖，纵容者同罪。凡弓兵，在京五城兵马司，在外府州县及巡检司，俱一年更替。"

《大明会典》卷一百三十八又载："关津巡检司，提督盘诘之事。国初设制甚严，累朝添革不一。"其中开列位于天津附近的顺天府宝坻县芦台巡检司及武清县杨村巡检司、河西务巡检司、小直沽巡检司等，独流巡检司（静海县时属河间府）并不在列。而河间府所辖者，包括河间县景河镇巡检司、交河县泊头镇巡检司，并称"旧有献县单桥、沧州长芦各巡检司，俱革"。

明代，虽然"巡检、驿丞，各府州县有无、多寡不同"，但已有"卫之隙置所、所之隙置巡检司"之说（参见嘉靖《宁波府志·海防书》）。那么，《大明会典》于弘治十五年（1502）编纂成书之前，独流巡检司是否设立过呢？答案是肯定的。

弘治年间，朝鲜济州等三邑推刷敬事官崔溥，在《漂海录》中对长芦巡检司、独流巡检司、杨村巡检司、河西巡检司等均有所提及。2013年版《崔溥〈漂海录〉校注》载，弘治元年二月二十三日（1488年4月4日），崔溥至静海县，"过独流巡检司、沙宁铺"，转天"过天津卫"。

嘉靖《河间府志》载，静海县时有 2380 户（18642 口），编户 19 个里，包括"独流里"，仅载时设"巡捕官一员，弓兵、民壮九十四名，快手二十名"，这表明独流巡检司已被裁革。但是，河间府所属县域仍有设置巡检司的情形，如河间县景和镇巡检司、景州安陵巡检司。

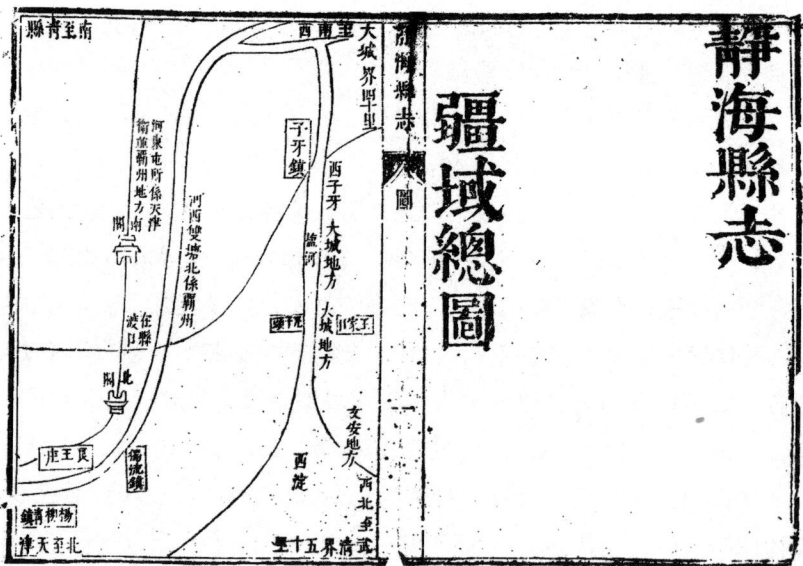

康熙十二年（1673）《静海县志》所载的独流镇方位（南北方向倒置）

清代设独流镇巡检司

清初，天津政治经济的地位日益抬升，已逐渐从沿海卫所的军事建制向府州县行政建制转型，运河输运愈加繁忙。在独流镇恢复巡检司的功能，成为应有之义。

康熙十七年（1678）《河间府志》载，静海县已设"独流镇防漕百总一员"，辖兵不详。《钦定古今图书集成·河间府兵制考》则载为"兵几名"。独流镇百总也应有兼掌巡检的职能。

《清实录》乾隆十二年三月初九日（1747年4月18日）："铸给直隶静海县独流镇巡检司印，从总督那苏图请也。"这表明独流镇的地位已明显提高。

《皇朝通典》卷三十四《职官十二》载，清朝各州（包括直隶州）置巡检121名（直隶省6名），各县置巡检908名（直隶省41名）。而独流镇巡检的职责，也愈发向河工管理上倾斜了。

如乾隆二十年（1755），直隶总督方观承奏准，静海县主簿、独流镇巡检、静海县良王庄把总"分管东西堤工各二十九里"（道光《续行水金鉴》）。

又如《钦定大清会典事例》卷六十三《沿河佐杂》载，乾隆三十八年议定："直隶通州吏目和合驿驿丞兼巡检……均以沿河注册。如有留心河务之员，遇有河工汛员缺出，准其一体拣选升调。所遗各缺，仍归部选。如并非沿河地方，不得混行升调。"其中就包括"独流巡检"。

再如咸丰元年（1851）五月，谕内阁："讷尔经额奏遵河道堤埝并筹议办理一折。天津府静海县属西乡泊水，以引河为去路。自嘉庆年间，勘明挑挖，具有成案，自应仍照旧章，导水入子牙河，使西乡不敢被淹，北乡各村亦无虞波及。其莲花淀南土埝，既于河道无碍，且非近年私筑，即无庸平毁，以符旧制。着照所议章程，嗣后修堤挑河及启闭各事宜，责成独流镇巡检就近管理，由静海县稽查督办，以弭水患，而息讼端。"

清代历任独流镇巡检

民国《静海县志》开列清朝独流镇巡检二十名，即："倪本刚；魏存仁；张钦祖（四川监生，升天津县丞，天津县知县，沧州知州）；支栖凤；钱万青（浙江监生，保升正定县知县）；卿相（捐资助买书院、义田）；金怡森；方珽（安徽桐城县监生）；袁振基（山东历城县人）；袁汝超（江苏江宁县监生）；黄殿霖（河南商城县监生）；上官昭（河南渑池县人）；海馨（满洲镶白旗人）；窦成（山东诸城人）；陈文骧（浙江海宁州监生）；吕承烈（安徽旌德县人）；刘向辰（江西南丰县人）；严定远（字瀚侯，江西德安县监生）；孙惠铭（浙江山阴监生，光绪九年任）；何福豫（山西灵石监生；光绪十年任）。"光绪《重修天津府志》已载此名单，但此名单的内容显然不全，且个别有误。另外，对于实缺、署任亦未加区别。

一是漏载人名。补全此名单的难度很大，经检索史料可知漏载不少。

直隶总督方观承《赈纪》（乾隆十九年版）载，时因津保各属被灾，各县佐杂教职等员，参与核户、散赈等事，后分别等次列册，移请奖叙。其中，"静海县独流镇巡检李璘"不仅为静海县灾民捐赠棉衣，还在盐山县参与盐赈，因小心勤力，被列为三等，准记功一次。此书也将独流镇巡检俗称为"静海县流河巡检"。

嘉庆《宁国府志》载，安徽旌德县人刘宏庆"由供事，仕独流镇巡检"。乾隆《永定县志》载：刘宏庆，江南旌德人，乾隆三年至十四年任福建永定县三层岭司巡检。光绪《永平府志》则载其于乾隆三十四年至三十五年任临榆典史。据此可判断刘宏庆担任独流镇巡检的年代。

道光后期，独流镇巡检为戴锡福。《上谕档》载："道光二十六年正月二十六日内阁奉上谕。前据钟祥等奏，官绅输捐经费，恳请奖励。"其中，"前任直隶静海县独流巡检戴锡福，着俟服阙，以未入流分发河南，归候补班补用"。

民国山东《东平县志》载："孙若瀛，字仙洲，范村人，清廪生，官直隶静海县独流镇巡检。"

1999年版《新野历代名人》载,河南新野县人齐福崇,清末"官天津独流巡检"。

二是漏载大多数人的任职时间。以下梳理可略作补充:

倪本刚到任独流镇巡检的具体时间为嘉庆七年七月初八日(1802年8月5日)。嘉庆十二年(1807),因历俸已满六年,文渊阁大学士庆桂在题奏中开列其履历。倪本刚生于乾隆二十一年(1756),浙江仁和人。乾隆四十九年(1784)起,历官署迁安县喜峰口巡检、署交河县新桥巡检、署吴桥县典史、署宝坻县典史、宛平县典史。其在独流镇巡检任上表现出色,直隶藩臬出具考语:"年健才明、办事勤慎。"署直隶总督秦承恩及庆桂均认为堪以保荐,遂奏请将其"入于卓异班内,与应升人员通较奉旨日期先后升用,毋庸送部引见"。据此可知,巡检获升用的难度不小。

嘉庆十二年三月二十二日,文渊阁大学士庆桂在题奏中开列倪本刚履历

而钱万青堪为独流镇巡检中的另类,其知名度之所以较大,是因为其胡作非为曾惊动过皇帝。据光绪《永平府志》载:钱万青,会稽人,道光十九年至二十年任临榆典史。1980年版《清代档案史料丛编(第五辑)》载有《天津县探报(咸丰四年正月二十三日)》,钱万青时为"州同衔、署天津府天津县"。检1992年版《正定县志》可知:钱万

青，浙江会稽人，咸丰四年至同治元年，五次担任正定县知县。

张集馨《道咸宦海见闻录》载："正定县钱万青，本吏部书办，在京时与桂良为狎友。桂良到任时，钱万青尚是佐杂，乃以省城防堵功，议叙升补知县，旋调正定。直省正定，乃上等优缺也。钱仗桂势，凌轹同侪。桂亦倚钱，为通消息，贿赂公行，恬不为怪。"桂良是恭亲王奕訢的岳父，咸丰三年以兵部尚书授直隶总督，咸丰六年十二月任东阁大学士。

《清实录》咸丰七年四月庚戌载："谕军机大臣等。御史孟传金奏，知县伪造钞票、勒捐苛敛，请饬查抄拿讯一折。据称，直隶正定县知县钱万青前任巡检时，即诈吓诬骗。署天津县时，禁民间不用柴薪，婪得多赃。现任正定县，复将库中银钱尽入私囊，并于钱粮差徭，任意苛派。不遵者锁押刑讯。其征收钱粮，大钱钞票一概不收，每银一两，浮收制钱一千余文。又自造伪钞万余纸，逼令民间行使。等语。种种不法，殊出情理之外。着谭襄按照所参各款，确切查明，严参惩办。至该御史呈进该员所发官票，盖用该县印信，似非伪造。惟地方官向无自造官票之例，是否该员借此苛敛民财，并着该督查明具奏，原折着钞给阅看。该员所造官票二纸，一并发交查验。将此谕令知之。寻奏，知县钱万青任天津县时，创议禁用柴薪，曾经通禀，事未及行，无从婪赃。任正定县时，前任并无移交存库银钱，无从侵蚀钱粮差徭，向遵旧章办理。提讯书吏，调核簿卷，均属相符，并无苛派锁押刑讯。案据征收钱粮，钞票大钱，分成搭收，统计每银一两，折收制钱二千三百一文。惟因官票壅滞，整数难于搭用，遂刊刻零星钱票，以散易整。虽为疏通官票起见，第未禀明上司，率即试行。请交部议处。从之。"

钱万青倚傍权贵，擢升知县，实属非常之道。《清实录》同治十一年七月癸未："谕内阁。刘岳昭奏，特参庸劣不职各员，请旨分别降革一折……试用通判钱万青，居心巧滑，专务营私……着即行革职。"通判秩正六品。可见，钱万青当初在桂良等庇护下，未被参劾，居然又获迁转，实在是挑战人们的道德底线。但其为非作歹，多行不义，终被革职，也属罪有应得。

浙江嘉善县人王文镕《癸丑纪闻录》载，咸丰三年（1853）十一月二十六日闻："直隶贼匪自正定，保定窜至天津，天津失与不失，未见明文，惟有上谕云：贼入静海县城及独流镇地方，经胜保（江北大营帮办军务大臣）在村打胜仗，有旨褒奖，大兵云集，静海孤城不难破也。"后又闻："十一月廿二日，佟鉴为贼所杀，赠将军；钦差胜保，降四级留任；达洪阿以失救故，查抄家产。金秋白以山东知县，风病，在伊长子某独流镇巡检任。贼未至，秋白避乡间。贼至，秋白闻伊子殉难，悲痛而亡。"金秋白长子或指金怡森。光绪《重修天津府志》载，金怡森曾于道光二十四年至二十五年代理青县管河主簿，又载窦成于咸丰六年任青县兴济镇巡检。

《清代起居注册·咸丰朝》载，咸丰四年十二月十五日桂良奏准："本年江浙两省漕粮并奉天、福建等省采买米石，由海运津，全数兑收，尚无贻误。直隶派出前往经理各员，均属着有微劳，自应量予鼓励……候补从九品袁振基，着以从九品不论班次尽先补用。"这也表明，从钱万青至袁振基的五任独流镇巡检，任职时间都应在道光中后期至咸丰初年之间。

2013年版《太平军北伐资料选编·僧王奏折》载，咸丰四年，"江苏江宁县人袁汝超，捐京钱二百一十吊，请赏给从九品职衔"。直隶总督曾国藩奏《办理海运出力员弁分别奖励折（同治八年二月二十一日）》载："理问衔坐补承德府张三营巡检袁汝超，请俟坐补后以主簿用"，"州同衔知县用候补县丞海馨，请仍俟补缺后以知县归本班尽先补用"，"候补巡检何福豫，请赏加州同衔"。其中，袁汝超后于光绪十年至十八年历任清苑县张登司巡检、沧州孟村巡检。

光绪《重修天津府志》载，光绪二年，安徽旌德人吕伟基任天津县葛沽巡检，其与独流镇巡检吕成烈是何关系呢？2009年版《明清江南著姓望族史》载明：吕成烈为吕伟基之子，吕成烈曾"由郭家屯巡检升清理问衔直隶玉田县主簿"。又据《李鸿章全集》所载奏折：同治九年，吕承烈"请俟补缺后以主簿用"；同治十三年，候补巡检吕承烈因"押催米船，迅速到坝"，"请加理问衔"；光绪三年，候补巡检吕承烈"请加随带二级"后，"江苏调用差遣"。光绪《重修天津府志》载，吕承烈（供事出身）已于光绪元年任天津县北仓大使，可见，其任独流镇巡检的时间应为同治末年。

据直隶总督李鸿章奏折，还可判断几位独流镇巡检的任职时间。如《题参静海县过客花姓外国人泊船被抢案文武职疏防职名事（同治十二年四月十六日）》载明，"前任静海县独流镇巡检陈文骥"已于同治八年后病故。如《题参静海县梁逢吉家被劫案文武职疏防职名事（同治十二年正月二十日）》载"署静海县独流镇巡检刘向辰"。如《题报天津分司运同沈永泉丁忧开缺事（光绪十年八月十二日）》载"静海县独流镇巡检严定远"。

三是存在误载，如张钦祖的籍贯。光绪《重修天津府志》在此名单前加按语："前志无此。仅录《县志》本无朝代。惟三任张钦祖下注：'天津县知县，沧州知州'。今考'津''沧'，俱载在道光年，但作河南太康人，非四川也。"

查同治《续天津县志》可知，张钦祖，河南太康县人，监生出身，道光四年（1824）至十一年任天津县管河县丞，道光十三年至十六年任天津县知县。又据《清代漕运全书》卷九十一《海运事宜·淀津督收》载：道光六年，直隶总督那彦成奏请对在天津办理海运的直隶各员予以奖励，其中，"天津县县丞张钦祖、武清县县丞叶渠、静海县独流巡检毕林，俱着以河工应升之缺升用"。可见，毕林为张钦祖的继任者之一，但此名单并未开列此人。

张钦祖宦津期间亦有政声，如《天津县新志》载其于道光八年参与创建天津辅仁书院。又如，"道光十四年，知县张钦祖于城东北隅建廒十间，其义仓亦于道光十四年在城东北隅建廒十间，捐存谷三千五百三十八石四斗四升"（1938年版《天津政俗沿革记》）。

《重修天津府志》既载张钦祖于道光十六年至十八年任沧州知州，又载，道光"二十年，知州张钦祖又于南门内关帝庙设义馆，又捐京钱三百千"。可见，张钦祖卸任此职的时间尚存抵牾。

　　张钦祖后宦游四川，调补剑州（今剑阁县）知州，此系《静海县志》误载其为四川人的主因。1933 年版《太康县志》载其事迹较详："张钦祖，字霁峰，世居城西门内。由县丞分发直隶。以廉能保升知县。历任静海、广昌、天津等县，升沧州知州。宗室畸善深知之善，督川省，奏调钦祖补四川，授剑州。甫下车，即清滞狱百余，乃勤抚字、祛积弊、慎刑狱、严盗贼。在任有廉俭明决之称。邻封之民亦沐德泽，道有颂声。子鸿达、鸿宾。"此载亦稍有差池，如其未曾担任广昌县知县、静海县知县。而"畸善"或指琦善。琦善于道光九年至十一年、道光二十六年至二十九年两任四川总督。

　　1990 年版《四川历代碑刻》载《重修重阳亭记》。此摩崖碑刻位于今剑阁县鹤鸣山，由曾任天津静海县知县的白濬铣（四川营山县人，进士出身）撰文，镌于道光二十四年。文曰："道光癸卯岁，中州张霁峰刺史来牧是邦。越明年，政通人和，百废俱兴。其从事者，静海李精三、天津郭静川，皆雅好山水人也。睹斯亭之倾圮，竭力捐造。"癸卯即道光二十三年（1843）的干支纪年；中州即河南的别称；刺史为知州的别称；李精三（即李锐）、郭静川（即郭永泰）均为张钦祖的僚属或旧交。据此可知张钦祖出任剑州知州的时间。在历任独流镇巡检中，尤以张钦祖在官场中最是顺风顺水。

最后一任独流镇巡检

　　光绪十年（1884），直隶总督李鸿章奏《河工巡检繁简缺互换片》载："兹据藩、臬两司详称，直省管河佐杂繁、要各缺，无可改简。惟查有天津府属静海县独流镇巡检，事务较简，应请改为选缺，与东明县高村巡检，繁、简互换。"光绪《畿辅通志》因之载独流镇巡检为"沿河简缺"。何福豫就任此职后，盘桓二十年之久。

　　光绪三十年十二月初十日（1905 年 1 月 15 日），直隶总督袁世凯奏《举行大计举劾各员折》载，因"静海县独流镇巡检何福豫，精力就衰，难资抚驭"，而被列为应被参劾各员中的年老官，"照例摘取印信钤记，勒令离任"。

《直隶工艺志初编》所载《劝工委员叶树仁、何家驹等赴天津、河间两属劝导官绅合办工场报告（光绪三十二年十二月二十六日）》称："卑职等遵即选带实习工场工师刘忠祥、工徒杨国成，并携带木机等件，于（光绪三十一年）十月二十一日束装起程，前赴静海县属之独流镇。一面粘贴广告，觅地开机，切实演说工业要理；一面会同该镇巡检路金鉴，邀集绅董郑汝重、岳景铭，分别劝导。"路金鉴应为何福豫的继任者。民国《静海县志》载，路金鉴清末曾任静海县典史。

最后一任独流镇巡检为吴树棠，山东聊城县人，供事出身。此据清政府内阁印铸局编《职官录（宣统三年冬季）》《职官录（宣统四年春季）》所载。

吴树棠为官事迹未详，但据《傅孟真先生年谱》等载，略有端倪：1908年冬，十二周岁的傅斯年（聊城人），随其父的学生侯延塽（字雪舫）至天津，住孔繁淦（傅斯年祖父傅淦的门生）家，傅斯年的生活费用遂由"父执吴树棠（字筱洲）按时接济"。1909年春，傅斯年考入天津府立中学堂就读，后于1913年夏考入北京大学预科。笔者判断，吴树棠可能与傅斯年家族有些交情，且与傅旭安为旧交。傅旭安字东芝，号晓麓、亦颠，卒于1904年。《顺天乡试朱卷（光绪甲午科）》载其世居东昌府聊城县"北门内相府街"。考证其生平或可寻得吴树棠的蛛丝马迹。

独流汛把总

■ 王勇则

"静海有独流镇者，为运河之要道。"清代，静海县军政官员多有河防之责。天津镇标营之一的绿营兵静海营，在独流镇设独流汛把总一员（官称"专汛官"）。分巡天津河道（天津道）也在独流镇设立独流武汛（官称子牙河西汛），属南运河营管辖。

2011年版《清代典章制度辞典》载，把总为"汛"的领兵官，位在千总之下，秩正七品，掌巡守营哨汛地。"汛"为清绿营兵制的基层编制单位。清制，各地绿营兵分设四级建制，即：标、协、营、汛。每汛员额，数人至数十人不等，以千总、把总、外委等官弁统领，专司驻守巡防、稽查缉捕诸事。但此载并未提及受河道节制、属河营管辖的"汛"。

关于这两个独流汛的设置、沿革和职官等情，1873年版、1934年版、1995年版《静海县志》虽然均有所提及，但语焉不详之处多有，以下略作查考。

从静海汛到静海营、独流汛

雍正四年（1726）《钦定古今图书集成·经济汇编·铨衡典·官职部》

载有清初天津镇标营的设置："镇守天津镇总兵官一员，驻扎天津，标下左右二营，所属天津城守营、大沽营、王庆坨营、霸州营、永清营、文安营、管辖河协、通协、蓟协、永协，并涿州路。"

此载缘何未提及静海县的军事建制？原来，康熙年间的静海县仍属河间府。《钦定古今图书集成》又载清初河间府的军事设置，即：副将一员（康熙八年移驻河间），左营、右营、河间城操营守备各一员，高川镇、肃宁县、交河县、故城县、景州把总各一员，任丘县、阜城县千总各一员。

那么，静海县的军事机关当时是以何种形式存在的呢？康熙十二年（1673）《静海县志·武备》载，"巡捕典史一员，马快八名"，"在城奉旨添设防守把总一员、百总一员，独流镇北于家堡防漕伏路百总一名"。

康熙十七年《河间府志》所载稍有别，即：康熙八年（1669），"真定协镇调赴河间，归并天津总兵管辖"。其中，静海县设"巡捕典史一员（快手八名、民壮五十名），驻防把总一员、独流镇防漕百总一员"。《钦定古今图书集成》也以《河间府兵制考》的形式，节录了康熙《河间府志》所载的相关内容。

可见，清初静海县已设立驻防把总。独流镇防漕百总（类于八品武职），或可视为独流汛的前身。

清初，静海县驻防把总归王庆坨营管辖。乾隆四年（1739）《天津府志》载："王庆坨营，都司一员，驻扎武清县。原设副将一员，顺治九年裁，改设参将。雍正十年改设都司，每月俸薪银二十九两五钱八厘八毫二丝三忽。""千总一员，驻扎武清县，分防天津河头汛、静海羊粪港汛。""把总二员，一驻扎静海城外，分防静海汛，兼辖于家堡汛，每月俸薪等银各九两二钱。""外委把总一员，协办静海汛，每月支马守粮一分。""马守兵一百四十七名。"

乾隆《天津府志》又把静海汛载为静海县汛："静海县汛把总（王庆坨营，兼辖于家堡）一员，协办外委把总一员，马兵七名、守兵三十三名。"但此载仍未提及独流汛。

清政府后对王庆坨营、静海汛的官弁设置进行了调整，改变了静海县的驻防架构，独流汛也开始浮出水面。《清实录》乾隆十六年十一月甲戌（1751年12月28日）上谕："直隶总督方观承疏题，天津王庆坨营，僻处一隅，设兵一百四十余名，未免过多。所辖静海县汛，系水陆通衢，差务络绎，兼有城池、仓库之责，把总一员、马守兵四十名，实不敷用。又，静海独流镇汛，在淀漕两河之中，亦系水陆冲地。前请于存坨兵内，拨给静海县、独流镇二汛各十名。奉部覆准在案。但防守究嫌稍单，应请令王庆坨营都司，带本营马守兵五十八名，移驻静海汛，同静海汛原设并续拨兵，共一百零八名，统归管辖。即将旧设静海汛把总，移驻独流镇，拨给存坨兵二十五名。王庆坨仍留驻千总一员、兵四十名，足资巡防。其改移之兵，愿往者，应令移驻。若不足额，俟存坨兵粮缺出，令静海、独流二汛，就近招募。下部议行。"

此举标志着静海汛升格为静海营、独流镇防漕百总升格为独流汛把总。此后的志书所载，均以此上谕为依据，但各时期的兵额稍有变化。

一是乾隆《清朝通典》已明确记载静海营："静海营都司，驻扎静海县，千总一人、把总一人，兵二百二名。"而罗尔纲《绿营行省营制表》（据乾隆《钦定大清会典则例》卷一百一十一编成）则载，静海营都司一、千总一、把总二，辖静海汛，兵数222名。"辖静海汛"当指"辖独流汛"。

二是嘉庆《重修大清一统志》载："静海营都司（驻静海县）、千总（防王庆坨汛）、把总（防独流汛）、经制外委、额外外委。"

三是光绪《顺天府志》援引《会典事例》卷四百三十一所载，王庆坨营于"乾隆十六年，移都司一，驻静海汛，止留千总一"。都司驻静海汛后，已改成静海营。

四是光绪《重修天津通志》载："静海营都司一人（初设千总，乾隆十八年以王庆坨营都司移驻静海，改为静海营，辖本营分防三汛）；把总二人（分防王庆坨汛、独流汛二处）；外委一人，额外外委一人（均驻存城汛）；马兵十六名、步兵四名、守兵一百五十四名。""静海营额马，官例八匹、营马一十八匹。"

五是光绪《钦定大清会典事例》《畿辅通志》均载，静海营受镇守天津镇总兵官管辖，归直隶总督、提督节制，设"都司一员、把总二员、经制外委一员、额外外委一员，兵一百七十六名"。

据以上所载可作如下基本判断：一是静海汛为静海营的前身，独流汛把总受静海营都司管辖，而独流汛主官升格为把总后，静海营又辖存城汛（驻扎在静海县城北门内），但级别低于独流汛。二是独流汛的始设时间不晚于乾隆初年。三是静海汛把总移驻独流镇的时间，在乾隆十六年之后的不久。四是独流镇在康乾时期的地位已愈加重要，且备受关注。

静海营、独流汛官弁还负有巡盐之责。嘉庆《长芦盐法志》载："各省巡缉私盐，均责成专汛及邻汛额缺员弁经管，不得另派候补人员。"其中，"静海营月给派拨巡盐兵丁薪水银一百一十五两"。此项开支"于盐规银内分别动用，造册报销"。乾隆四十九年，直隶总督刘峨奉旨查禁武职缉私盐规之际，"静海营岁支巡盐盘费银一百一十五两"，系由"商众愿捐，运库支领"。

关于清末独流汛的分防和薪俸，史载亦有据。光绪《畿辅通志》《重修天津府志》均载："独流汛，分防静海县刘家村地方，在本营（即静海营）正北，相距十八里。东二十里至宫家庄，与天津城守营杨柳青汛连界；西八里至口铺村，与河协左营王家口汛连界；南九里至白杨树，与本营存城汛连界；北十三里至狗头河，与本营王庆坨汛连界。"独流镇把总的俸禄为："俸银十二两四钱六分八厘、薪银二十三两五钱三分二厘、养廉银九十两"，"岁共支银一百二十六两"。

独流汛把总王崇书被革职

清代，静海县"地当孔道，政务殷繁，并经管南运河堤工，系冲、繁、疲、难四项沿河要缺"。静海县知县、静海营都司、独流汛把总的责任重大，一旦稍有闪失，就会捅出娄子，而被问责。乾隆年间，其曾因疏防及承缉不力而遭降革。

《乾隆朝上谕档》载，乾隆五十二年七月十一日（1787年8月23日），内阁奉上谕："直隶总督刘峨奏：据静海县知县刘以观禀报，山东学政刘权之家眷，由水路前赴山东，于六月十八日在静海县地方（即梁王庄一带的曹家堤），被盗十余人持刀上船砍伤水手二人，并砍开衣箱，抢去银两，请将静海县知县刘以观、把总王崇书、静海营都司刘法程交部严加议处。等语。已批交该部速议具奏矣。静海系天津内河地方，乃有盗贼多人行劫，砍伤水手、抢去银两。官眷船只尚且被劫，则商民往来，岂不更多贻累？似此有害行旅，非寻常失察疏防可比。不独镇道等毫无稽查，咎有难辞，即该督于所属地方，平日漫无整饬，所司何事？亦有应得处分。着刘峩即将该管文武各员查明，据实参奏，以示惩儆。钦此。"

此案令乾隆帝大为震怒，静海军政各员自然没有好果子吃。《吏部尚书绰克托等为遵旨严议静海盗劫官船一案失职官员处分事奏折（乾隆五十二年七月十八日）》载："现据天津镇托宾泰、按察使托伦、天津道玉成禀报前来，相应专折参奏，请旨将专管官静海县知县刘以观、独流汛把总王崇书，兼辖官静海营都司刘法程先行交部严加议处。其余文武统辖及文职兼辖、协缉各职名，容臣查明另行照例题参。""该地方官平日疏纵已甚，并不实力查察，非寻常疏防可比，自未便仍照盗案例扣限查参。应将静海县知县刘以观、独流汛把总王崇书，均照并不实力查拿革职例革职；兼辖静海营都司刘法程，照不实力稽查降三级调用例，降三级调用，毋庸查级议抵。"

《清实录》乾隆五十二年七月甲申（1787年8月31日）公布议覆结果，除将刘以观和王崇书革职、刘法程降三级调用外，又将"天津道玉成、天津镇总兵托宾泰均着照部议降调，仍着该二员留于地方，勒限一年，务将盗犯缉获，尚可加恩录用，如限满不获，再行核办"，还将直隶按察使托伦降补热河道，而署直隶提督李侍尧被改为降三级从宽留任，直隶总督刘峩则被改为革职从宽留任。

《满汉名臣传》载，直隶清苑人穆维于乾隆四十七年至五十一年任静海营都司。《商河县志》载，刘法程"由武进士钦点乾清门蓝翎侍卫，任静海营都司"。可惜刘法程仅上任不久就被降调。静海营改组后，继任者为满洲正蓝旗人策楞（佟佳氏）。《国朝耆献类征初编》

载，策楞于乾隆五十二年由直隶独石口都司调任静海营都司。虽然朝野都为他捏一把汗，但至乾隆五十五年，他却顺利改授浙江处州镇标游击。可见，此案发生后，静海一邑的治安状况已有明显好转，否则策楞也不可能以都司（秩正四品）升补游击（秩从三品）。

乾隆五十二年七月十七日，兵部移会内阁稽察房的刘载奏折载明"独流汛把总王崇书"

另四位独流汛把总的行迹

独流汛官弁经历过不少重大战事。如民国《直隶疆域屯防详考》载："咸丰三年，'粤匪'林凤祥在独流镇运取木石，筑垒死守。僧格林沁、胜保等于此围攻两月有余。"又如八国联军入侵天津之际，也在独流镇发生过抵御外侮的激烈战斗。因此，对于独流汛把总参与的军政要务，很值得缕析一番，但根据目力所及的文献，尚难明晰。已知同光年间四位独流汛把总的行迹。

一是吴恩来。

同治七年三月十六日（1868年4月8日），三口通商大臣崇厚札津海关税务司："照得本大臣奉旨在津设立机器总局，已在天津海光寺开办铸造局，现又在于大直沽地方添设机器总局，所有建盖房间需用木料，亟须采买。兹派五品衔独流汛把总吴恩来，前赴上海采买，运送来津应用。除缮护照发给外，合亟札知。札到该税司，立即函致上海税务司，一俟该弁采买本植抵关，即免其征税，验明放行。"

同治七年四月十九日，崇厚再札："机器总局所有建盖房间需用木料，前于本年三月十六日缮发护照，发交五品衔独流汛把总吴恩来执赴上海采买。兹据该弁定妥铜杪方木三十根、铜杪大桅十四根，开单呈送，并请另缮护照，以便运津。等情前来。查前发护照采买木植件数并未注明，自应作为废纸。除另缮护照发给外，合亟札知。札到该税司，立即函致上海税务司，一俟该弁采买木料抵关，即免征厘税，验照放行。如该弁带有别项货物，饬令照例纳税。"

吴恩来后获升补，已知光绪十四年官至"三品衔补用都司永定河营南岸守备"。

二是张凤墀。

同治《续天津县志》载："张凤墀，字翼亭，四品衔。"民国《天津县新志》又载："张凤墀，武生出身，历官河间协标左营交河汛把总、右营守备。"已知其曾于同治七年任署独流汛把总。

左宗棠奏准《请将把总张凤墀以都司用并赏换花翎片（同治八年八月二十九日）》载："蓝翎尽先守备、署独流汛把总张凤墀，上年奉三口通商大臣崇厚委运借拨臣营军火、军米等项，时值'贼氛正炽'，扑犯河干。该弁督同护勇，屡次击退，设法解运，往返迅速，均无贻误，实属劳绩卓著。兹由天津转运军需总司道，会详请奖前来。臣复核无异。合无仰恳天恩，将蓝翎尽先守备、署独流汛把总张凤墀以都司用，并赏换花翎。"

同治六年，左宗棠以钦差大臣督办陕甘军务，缘何为张凤墀请奖？原来，同治七年四月，西捻军抵天津外围，左军在吴桥一带与之激战。

张凤墀参战并提供军需保障。张凤墀因之升任守备。

同治十年中秋，其为天津清真大寺题写匾额："静参位育"。2001年版《红桥区志》载此匾额落款为"军功赏戴花翎护理务门路参将尽先都司河间协标右营守备张凤墀敬立"。查"务门路"实为务关路之误。光绪《畿辅通志》载"务关路营参将一员（驻武清县河西务地方）"，也属天津镇总兵管辖。

李鸿章奏《李忠纯借补河间协右营守备片（同治十三年四月初八日）》载："天津镇标河间协右营守备张凤墀，于同治十一年十一月病故，业经题报开缺，声明扣留外补在案。"

三是张文科。

直隶总督李鸿章奏《题参静海县梁逢吉家被劫案文武职疏防职名事（同治十二年正月二十日）》载："静海县职员梁逢吉家被贼劫去银钱、衣饰等物，并拒伤事主平复，赃未满贯，赃贼无获一案。前据该县会营勘验，讯估差缉，详经批饬勒缉在案。兹据按察使范梁查明，此案自同治九年十二月初八失事之日起，扣至十年四月初八日，四个月疏防限满，犯既无获，例应开参。"因被列名指参、听候部议者，包括"武职专汛署静海营独流汛把总张文科、兼辖署静海营都司于鸣谦"。张文科应为张凤墀的继任者，后改任署旧州营青云店汛把总，已知同治十三年仍在任。

四是张恩荣。

李鸿章奏《题参静海县客民王秉愉杂货铺被劫案文武职疏防职名事（光绪五年十一月十九日）》载："静海县客民王秉愉杂货铺，被贼闯进铺内，劫去银钱、衣服等物，拒伤铺伙王三群等平复，赃未满贯，赃贼无获一案。前据该县会营勘验讯估差缉，详经批饬勒缉查参在案。兹据署按察使叶伯英查明，此案自光绪四年六月十五失事之日起，扣至是年十月十五日，四个月疏防限满，犯既无获，例应开参。"其中包括"武职专汛静海营独流汛把总张恩荣、兼辖静海营都司张祥瑞"。至光绪十八年，张恩荣仍在任。

李鸿章奏《题参静海县林树芝家被窃案文武职疏防职名事（光绪十

八年四月初三日）》载："静海县民人林树芝家被贼窃去衣服等物，拒伤林兆堂平复，赃未满贯，赃贼无获一案。前据该县会营勘验讯估差缉，详经批饬勒缉查参在案。兹据按察使周馥查明，此案自光绪十七年五月二十六失事之日起，扣至九月二十六日，四个月疏防限满，犯既无获，例应开参。"其中包括"武职专汛天津镇标静海营独流汛把总张恩荣、兼辖署天津镇标静海营都司姚良才"。

民国《天津县新志》还载有"霸州营独流汛"之说：一是"张恩荣，字锡三，行伍出身，历官霸州营独流汛把总"。二是"刘恩璧，武举出身，历官霸州营独流汛把总、署景州营连镇汛千总"。因刘恩璧为光绪八年壬午科武举人，而光绪年间独流汛未曾归属霸州营，故此载"霸州营独流汛"当为静海营独流汛之误。

由天津道管辖的独流武汛

明代静海县已设管河职官。嘉靖十七年三月庚辰（1538 年 4 月 4 日），从河道都御史于湛奏请，增设河间府所属故城、吴桥、东光、南皮、交河、兴济、青县、静海等县主簿各一员，专管治河（参见《明实录》《行水金鉴·官司》）。

乾隆四年《天津府志》载："天津、静海、青县三邑南运河堤工，隶津军同知管辖；青县、静海二邑东子牙河、新河、淀河堤工，隶三角淀通判管辖。"又载南运河分汛："静海县东西两岸共长二百零六里，内分文武三汛，额设河兵一百零三名。"此文武三汛即：良王庄把总汛、主簿汛、管河千总汛。可见，参与管河的独流汛当时尚未设置。

乾隆二十九年三月三十日奉旨依议的《工部为裁夫役以筹实益以节虚糜事》载，直督方观承奏："直隶堡船一项，于乾隆三年设立，以疏淀中水道。""天津道属，如南运河等河，现于工赈水利案内次第修浚，向设防守事宜，既须有武职与文员互相稽查。""今堡船既裁，可否将应裁之管船千总二缺，改设守备一员，驻扎天津，隶天津道管辖。所有南运河河兵、千把总、汛务及天津道属河工，均令该守备经营，听候天津道差委查勘。""原设把总四员，应将三角淀厅属一员、永定河补厅属一员裁汰。其子牙河厅下汛驻扎独流把总一员、津军厅下汛驻扎韩家树之把总一员，仍照旧安设，经管格淀长堤。"乾隆《直隶河渠书》所载的天津道标各员中，开列把总五员，也包括"静海汛把总一员"。

乾隆《漕运则例纂·重空定限》载："乾隆二十六年，天津总兵常福奏明，自安陵汛至天津汛，改定重运期限。"其中，"独流汛，计河程二十八里，限三时七刻"。此载里程，当指独流汛管辖的河道长度。

光绪《重修天津府志》有三处记载涉及独流武汛：

一是天津镇标：南运河营属天津道，守备一人（驻天津），辖文武十九汛。其中，子牙河、大清河共有文武五汛，设把总一人（驻独流汛）、外委一人（驻千里长堤汛），辖战饷河兵三名（独流武汛、大城文汛、李滩文汛各一名）以及守饷河兵四十一名（独流武汛、大城文汛、李滩文汛各九名，千里堤武汛八名，文安文汛六名）。

二是天津镇标营汛："南运河营守备一员（驻扎天津县），千总一员，把总六员，经制外委四员，千里长堤外委一员（驻天津县，承管子牙、大清二河），静海县把总一员（驻独流镇，承管子牙、大清二河）。案：南运河各营均归天津河道管辖。""静海县独流武汛，驻扎独流镇，承管子牙河，自杨柳青后河起，至瓦子头止，水程三十里余；又管大清河，自杜家沟起，至左各庄止，水程亦三十里余。"光绪《畿辅通志》将南运河营、北运河营、永定河营均列在"直隶河标营"名下。2014年版《清代地方官制考》则将南运河营等归为"北河河道总督（直隶总督兼）属河营"。

三是州县分汛："静海县，存城汛外委、独流汛把总（以上静海营辖）；唐官屯汛把总，陈官屯汛把总（以上四党口营辖）；唐官屯汛千总，独流汛把总（以上南运河营辖）。"

这表明，从乾隆朝至清末，有两位把总同时在独流镇驻扎。独流汛属天津镇标营，而归天津道管辖的独流武汛，也是绿营兵，应属于非镇标营的河标河营。尚不知独流汛把总与独流武汛把总，是否出现过由同一人兼任的情形。

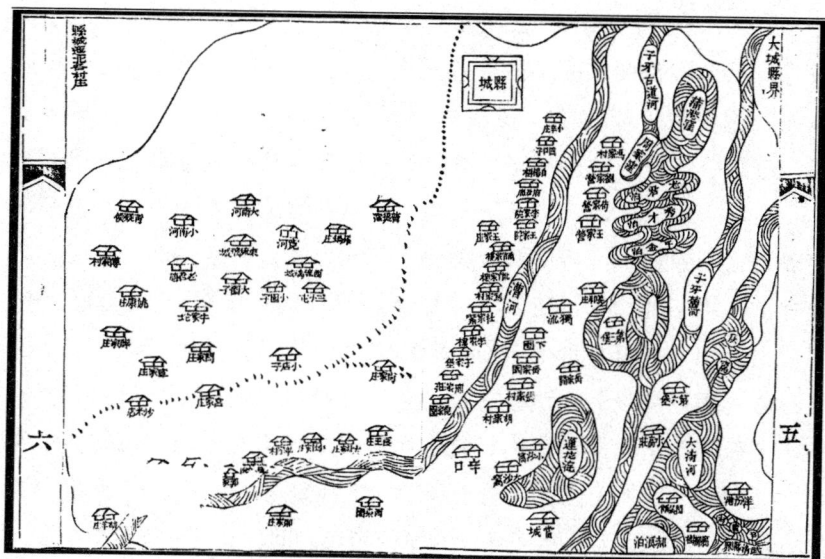

同治十二年（1873）《静海县志·疆域总图》中对独流镇一带村庄的标注

独流武汛即子牙河西汛

同治、民国《静海县志》既载独流汛（把总一员，额设马兵三名、守兵三十三名），又载独流镇把总西汛："独流镇把总西汛，专管千里长堤（即格淀堤），南自五堡起，北至杜家道沟止，计长五千三百丈，共二十九里四分四厘四毫。额设河兵十名。"

而嘉庆《畿辅安澜志》、道光《续行水金鉴》则载有子牙河西汛，且均据乾隆十年（1745）九月直隶总督刘于义关于直隶水利工程善后的奏折："子牙堤河，宜分隶厅汛，以专责成也。查子牙河道通判一员，管辖子牙河上游堤岸，并十汛。把总、外委带领堡船杈夫，每岁疏浚下口。然自台头以下，涣归大淀，非若新河直达西沽，与隔淀（格淀）堤并长亘八十余里也。若照旧令通判一员经营，难免顾此失彼。查当城为堤河适中之地，应自庄儿头起至当城止，归子牙厅管辖；自当城起，至西沽红桥堤尾止，归津军厅管辖。所有原隶子牙河厅之堡船一百只、杈夫三百名，应分立二汛：自庄儿头起至李家湾为一汛；自李家湾至当城为一汛。将新设堡船千总，驻扎庄儿头，为子牙上汛；西汛把总，驻扎独流，为子牙下汛。各派外委二员、堡船羿夫一半。其汛内堤河，每年令修浚防护。凡属羿夫应办工程及油舱船只等事，该汛弁查办，由子牙河厅核销。""子牙长堤，请建营房，以资防护也。查子牙河堤河工段绵长，虽将堡船羿夫分立汛地，然人在船，而船在淀，冬春守冻，更不能为堤岸之用必须添派河兵、建造堡房，俾宿堤防汛。平时土工柳苇等事，责令力作。此堤为通津大道，并可以资守望，而卫行旅。通量堤段，应造堡房二十座，每座房二间，设河兵二名，共四十名。即于南运河河兵内，就近拨用。其堡房四十间，每间估银四两，共需银一百六十两，统于水利续办工程案内估造报销。"此奏得旨"依议速行"。据此可确认子牙河西汛的始设时间。

《清实录》乾隆三十年三月己丑（1765年5月3日）上谕："兵部等部议覆。直隶总督方观承疏称，永定等河堡船羿夫，前经奏裁，并将永定河、子牙河千总二缺、把总二缺裁汰，改设守备一员，驻扎天津，隶天津道管辖。所有新设营制及一切河道堤工各事宜，应酌定。"包括："南运河千把总，并文武各汛河兵，及天津道属各河工，均令该守备经管，铸给南运各河营守备条记。""南运河、子牙河各汛千把总优劣，暨新旧交代，令该守备督核。战守河兵遇更换选拔，令核转天津道衙门。""各汛弁兵俸饷，仍照旧令各州县赴道领给。"

2011年版《滹沱河史料集》又载："子牙河西汛把总一员，管理堤工。子牙河额设河兵四十名，内战兵四名，守兵三十六名。"

总之，独流武汛把总、独流镇把总西汛与子牙河西汛把总均为同一所指。已知黑兆蓉曾任此职。

2005年版《清真大典·黑氏家谱》载："黑兆蓉（绍曾、镜亭），行三，道光五年五月十一日生，诰封昭武都尉，赏戴蓝翎，四品衔首先补用千总，静海县独流西汛把总。妻刘氏，南台子刘世荣公之长女。"查民国《天津县新志》载："黑兆蓉，字镜亭，行伍出身，历官南运河营子牙河西汛把总、唐官屯汛千总。"

同光年间，三任直隶总督相继为黑兆蓉奏请奖叙。

一是刘长佑同治二年十二月二十一日奏准："查明天津验收海运米石出力人员开单请奖一折。咸丰十一年暨同治元年，江浙等省两次海运米石，交天津设局兑收。该委员等于验收转运各事宜均能办理妥协，始终罔懈，尚属著有微劳，自应量予奖叙。"其中，"河营外委黑兆蓉，着以把总尽先拔补"。

二是曾国藩同治八年二月二十一日奏《办理海运出力员弁分别奖励折》载："五品蓝翎千总用河营尽先把总黑兆蓉，该弁在风神庙上水次提调沙船，排档列号，疏通河道，昼夜河干，不辞劳瘁，请赏加四品衔。"

三是李鸿章奏《光绪二年天津办理海运出力人员请奖折》载："天津府唐官屯管河千总郝桂森、子牙河西汛把总黑兆蓉等二弁，提调沙船，排档停泊。郝桂森请以守备尽先补用；黑兆蓉请加随带二级。"李鸿章奏《光绪三年办理海运出力员弁请奖折》载："候补守备唐官屯千总郝桂森、千总用子牙河西汛把总黑兆蓉，提调沙船，排档停泊。郝桂森请俟补守备后以应升之缺升用；黑兆蓉请俟补千总后以守备用。"

子牙河西汛把总的称谓不一而足，嘉庆《重修大清一统志·直隶统部》载为"子牙河把总，驻静海县独流"。民国《天津县新志》还俗称"子牙河汛把总"，如：乾隆朝人殷懋德历官"子牙河汛把总、汉沟汛千总"；嘉庆朝人项上达历官"子牙河把总"；光绪朝人李际芳历官"南运河营薛家窝汛把总、署子牙河汛把总"。已知曾国藩于同治八年为"五品蓝翎河营候补把总李际芳"奏请赏加五品顶戴。

独流武汛清末仍存。《天津通志·财税志》载，宣统三年（1911），天津地方财政安排的实业费预算银中，包括"天津道南运河营饷4607两、天津道文武十七汛官弁津贴1200两、天津道南运河抢修工程款11588两"。

奉新驿移驻独流镇

■ 王 勇 则

　　成书于清乾嘉年间的侠义公案小说《施公案》，部分章节即以奉新驿为创作背景，如："今晚往静海奉新驿歇马""到静海县奉新驿行刺施公""出了玄坛庙，离了唐官屯，一路望奉新驿而来，自玄坛庙到施大人公馆，整整的四十里官塘大路。""来到静海县地界奉新驿，住下公馆。""当晚到静海县奉新驿停歇。官船抵达奉新驿时，静海县知县陈景隆早在公馆等候迎接。""教我到奉新驿公馆将众人熏倒，一并杀却，斩草除根。我就带了两个庄丁赶到奉新驿公馆，吩咐庄丁在后边竹林内等候。"诸如此类的记述和描摹，都使奉新驿的知名度大增。

　　奉新驿到底发生过什么？其为明清官办邮驿。清雍乾时期，驿丞始兼巡检衔，遂迁驻独流镇，旋被独流镇巡检司取代。

　　光绪《重修天津府志》及同治、民国两版《静海县志》，均称奉新驿"裁时无考""何时裁汰无可考"。笔者经检索明清文献所载，可对其设置、裁革等情作出明确判断。

洪武二十七年（1394）九月编成《寰宇通衢》，反映的是明初驿递情况。其中已载"奉新水驿"（时属河间府静海县）

明朝初年已设奉新驿

明代驿递机构包括站、驿、递运所、急递铺等。清沿明制，在各省腹地的部分府、州、县置驿、铺等，不仅负责公文传递，而且为官吏、役兵等提供马匹、车船、人夫、食宿之便，但钱粮支用、夫马配备等仍统归知县掌管。驿站之款，纳入财政预算，为官支。驿的主官称驿丞，为地方杂职官之一，汉缺，未入流。驿丞职掌邮传迎送，凡舟车夫马、廪糗庖馔，均按照使客的品秩高低，相应供给。若与如今相较，驿丞大概是乡村的邮政所所长兼招待所所长，也承担机要股股长的部分岗位职责。

康熙十二年（1673）《静海县志·官师志（知县）》载："尚朴，永乐十三年（1415）任，创建奉新驿。"又载尚朴的继任者为刘弁，刘弁于宣德九年（1434）任静海县知县。此后的相关志书及著述，多将永乐十三年视为奉新驿的始设时间。如何肯定奉新驿是在尚朴上任当年设立的呢？因此，仅据《静海县志》所载，也应将奉新驿创建时间判断为明永宣年间为宜。对于1995年版《静海县志》所载的"驿丞尚朴"，也因未发现知县兼任驿丞的文献依据，而难于肯定。

奉新驿始设时间早于1415年，应为明洪武年间。先看看《明实录·太祖实录》中的相关记载：

一是洪武元年正月庚子（1368年2月17日），"置各处水马站及递运所、急递铺……六十里或八十里，专在递送使客、飞报军务、转运军需等物，应用马、驴、舡、车、人夫，必因地里量宜设置……水驿，如使客通行正路，或设舡二十只、十五只、十只。其分行偏路，亦设舡七只、五只。舡以绘饰之。每舡水夫十人，于民粮五石之上、十石之下者充之。不足者，众户合粮，并为一夫。余如马站之例"。

二是洪武元年九月甲寅（1368年10月29日），"诏改各站为驿"。

三是洪武九年四月壬辰（1376年4月27日），"时天下驿传之名，多因俚俗所称。兵部具数以闻，命翰林考古正之。于是，改扬州府驿曰广陵驿、镇江府驿曰京口驿。如是者凡二百三十二"。

四是洪武十年五月戊寅（1377年6月7日）："北平（府）以河间府交河县并入献县，复以静海县隶河间。"

五是洪武十六年五月丁未（1383年6月5日）："巡检、驿丞、递运大使，原不给俸者，宜月给俸一石二斗。从之。"

六是洪武二十七年九月庚申（1394年10月18日），"修《寰宇通衢》书成。时，上以舆地之广，不可无书以纪之，乃命翰林儒臣及廷臣，以天下道里之数，编类为书"。

据《寰宇通衢》载，当时"全国13个布政司共设马驿361处、水驿224处、水马驿493处，共1078处"。其中已包括奉新驿（时为水驿），即："流河水驿六十里至奉新水驿，六十里至杨青水驿，一百二十里至杨村水驿，九十里至河西水驿。"显然，奉新驿成立的时间不晚于洪武二十七年（1394）。

此后又增设静海驿。《明实录》永乐元年十一月丁酉（1403年12月

7日）："增设……北京大兴驿，永清县之永清驿，霸州之大良驿，静海县之静海驿，兴济县之兴济驿，沧州之沧州、孟村二驿。"奉新驿与静海驿是何关系？

《明实录》载，洪熙元年闰七月壬戌（1425年9月7日）："革北京顺天府大兴县大兴驿、永清县永清驿，霸州大良驿，河间府静海县静海驿、兴济县兴济驿，沧州沧州驿、孟村驿……盖永乐初，以南京至北京驿路迂远，自应天府滁州，开陆路，至北京顺天府，置二十七马驿。其后，春夏多雨，路多水潦不便，已悉并所设驿夫、马匹于附近通要之驿，诸驿遂皆空闲。至是，吏部以闻，革之。"

可见，静海驿为马驿，与奉新水驿为两种驿递模式。弘治十五年（1502）《明会典》也不载静海驿。而在大学士杨士奇（1365—1444）的日记中以及景泰七年（1456）《寰宇通志》中，仍载有奉新驿。

奉新驿在明代应为常设机构。弘治元年（1488）初，朝鲜济州等三邑推刷敬事官崔溥，因乘船遭遇风浪，漂流海上，后在中国宁波府属地获救登岸，遂被押解赴京。舟经运河北上过津期间，崔溥对奉新驿、杨青驿、杨村驿、河西驿等均有所记录。2013年版《崔溥〈漂海录〉校注》载，弘治元年二月二十三日（1488年4月4日），崔溥过静海县的"钓台铺、南家口铺、双塘铺，至奉新驿，驿在静海县治之前"。

明代以诗歌形式对奉新驿一带景物的描摹也不少。如永乐年间进士曾棨《宿静海僧寺同候主事》："水郭春光早，邮亭柳色浓。偶因牛渚棹，来听虎溪钟。"如成化八年（1472），翰林院编修李东阳《舟次奉新驿得戴侍御（戴珊）同年书，知于前驿相待，漫得二绝》："月出高楼生野烟，断堤疏柳驿门前。美人只在双塘外，海口潮来好放船。"如成化年间进士文林《静海驿》："深夜驿途静，长河瀚海通。舟明沉水月，灯暗落潮风。"当然，此处所载的静海驿，也可能是指已获恢复的马驿。

日本人策彦周良《入明记·再渡集》中所载的日记，也提及奉新驿。嘉靖二十八年（1549）二月，其由宁波至京师，四月三日午时，"着奉新驿，即打廪粮。今晚，设晚炊，副使、泰公、宗薰以下。未刻，开船。戌刻，泊于中流，从此至杨青驿二十里云云。今夜，四只站船未来，各俾手下人点火问其安否"。

检嘉靖十九年（1540）《河间府志》，可知奉新驿的大致情况："站船十五（土民十三、水夫一百四名；粮金二、水夫二十名）。铺陈（如船只之数）。支应馆（夫银二千五百一十三两）。"可见，明代奉新驿确为水路驿递（未配置马匹马夫），故光绪《重修天津府志》称之"旧曰水驿"。

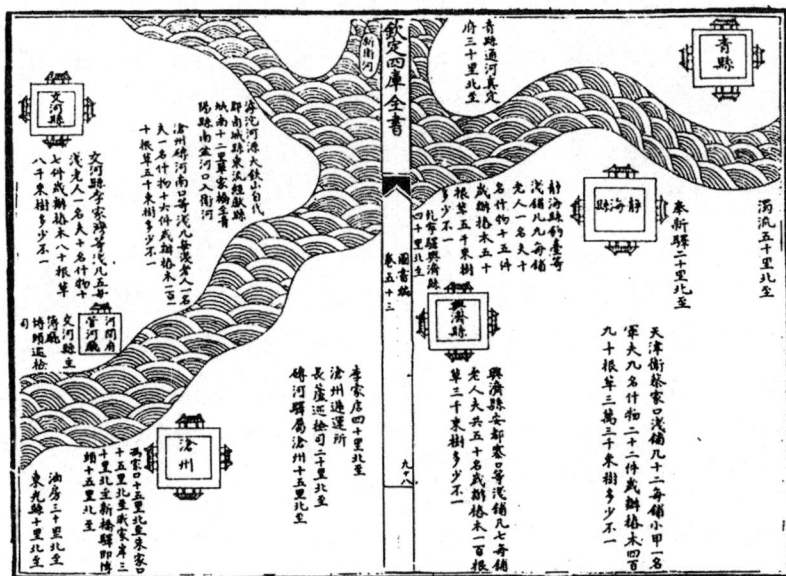

章潢《图书编》成书于明万历五年（1577），后收入《钦定四库全书》。图中载有奉新驿、独流镇

奉新驿驿丞兼衔巡检

康熙《静海县志》载："杨青驿，在县北天津卫城外。""奉新驿，在县治南，今废，官租民舍。"对于此载，应理解为废除的是奉新驿驿署，而非奉新驿的设置。沿途各设铺舍，可直抵天津，即："在县铺、双塘铺、钓台铺、辛庄铺、独流铺、王庄铺、辛口铺、杨柳青铺、稍直口铺、小直沽铺。"

铺即铺司，即邮驿机构的分支。各以铺夫、铺兵走递公文，即铺递。清制，凡各省督抚等寻常咨商文移，均由铺司或军塘的兵夫走递，不得擅用驿马递送。铺司也吃皇粮，所需工食银米等，归入户部银钱奏销。静海县内水道各铺，即由奉新驿驿丞经管。

乾隆四年（1739）《天津府志》载有"静海县奉新水驿"，称此驿"在县南城外，极冲。现存水夫八十五名、夫头十名、探听夫二名、买办送牌夫二名，共银二千一百四两二钱四分四厘零，遇闰按月加增，驿丞掌之"。水驿为"极冲"，马驿为"次冲"。而由静海县知县职掌的静海县驿，则为马驿。乾隆《天津府志》载："静海县，次冲""知县掌之""原设递马十匹，马夫五名""新拨递马八匹，马夫四名"。静海县这两个驿站可谓相得益彰。故常见记载称奉新驿"水陆相兼"，非是。

奉新驿兼任巡检衔，则是其最后的辉煌。《清实录》雍正十一年九月乙酉（1733年10月14日）上谕："议覆直隶总督李卫疏言。直隶地方辽阔，州县事务殷繁。所有佐杂官员，宜酌量增改……天津县葛沽、西沽等处，请各添设巡检一员……静海县奉新驿、天津县杨青驿、武清县杨村驿、通州和合驿等驿丞，请兼巡检职衔……均应如所请。从之。"

巡检秩从九品，为地方治安吏。各地驿丞纷纷主动要求兼加巡检衔，属于人地相需、因应得宜。其可从以往的不入品秩改为入流增加砝码，既提高行政级别，也扩大行政权力。

奉新驿的辖地不少，乾隆《天津府志》载："乾隆元年，奉文分拨典史、巡检所辖村庄。"其中，"静海县典史共辖三百五十村庄；奉新驿兼衔巡检共辖一百十六村庄"。

但驿丞的收入未见提高。康熙《静海县志》载奉新驿驿丞的俸银、薪银为每年"三十一两五钱二分"（遇闰加银一两）。而乾隆《天津府志》载，奉新驿驿丞兼巡检衔后，年俸仍为"三十一两五钱二分"，但明确了"奉新驿皂隶工食银十二两、巡检司弓兵工食银六十两"。

奉新驿缘何裁撤改制

清初，独流镇地面繁华，堪为沿河重镇，为其注入更多的行政职能也顺理成章。乾隆十年（1745），那苏图就任直隶总督后，对独流镇的地理位置和地缘优势颇为看重。

那苏图相继采取了两个步骤，且均经上谕准奏。一是《清实录》乾隆十一年七月丁酉（1746年8月19日）："移直隶静海县奉新驿驿丞，驻独流镇。从直隶总督那苏图请也。"二是《清实录》乾隆十二年三月初九日（1747年4月18日）："铸给直隶静海县独流镇巡检司印，从总督那苏图请也。"那苏图的目的是要加强独流镇巡检的警戒和防范作用，以期提高对镇域的管控能力。此中详请，在保和殿大学士张廷玉于乾隆十二年三月初七日题奏的《题覆直省独流镇巡检印记应准铸给》中有所记载："张廷玉等谨题，为敬筹卫要分防之法，以重地方事。吏科抄出直隶总督那苏图题前事。内开：该臣查得静海县奉新驿驿丞兼巡检，经臣题准部覆，移驻独流镇，改为巡检，行令换给专司巡检印记，拟定字样，并一切分辖夫役事宜，另议其题。等因。当经转行遵照在案。兹据署布政使、清河道朱一蜚呈称，奉新驿驿丞既经奉裁，改设巡检，移驻独流镇，其印记自应另行铸给，以昭信守。今拟'静海县独流镇巡检司印'字样。等因请题。前来。臣覆查无异。"

此载可以说明三个问题：一是明确了独流镇巡检司设置的时间。二是独流镇的地位已显著提高。三是奉新驿驿丞与独流镇巡检合为一官后，索性把奉新驿驿丞一职裁革了。四是奉新驿驿丞仅为兼巡检衔，而非兼任巡检职。故1995年版《静海县志》载为"奉新驿巡检"，非是。

总之，清政府这个决策还是很有道理的，符合事物的发展逻辑，实属抓住了主要矛盾。毕竟邮驿为日常事务，而安靖地方、保卫闾阎、巡防河道，才是顺应形势的当务之急，否则难免不顾此失彼。只要确保沿河地带社会稳定，驿站、铺司的职能也就不难正常发挥。

将驿站改制，划归州县管理，并将驿丞裁汰，改设巡检。这在乾隆年间亦是大势所趋。如直隶总督方观承于乾隆十九年二月二十三日上奏："臣查驿站专员经理，原以重责成而速邮传。从前，直隶有一驿必有一丞。雍正四年，于请除积弊案内，将在城各驿悉行裁并州县。其路当孔道、离城较远之驿，仍令驿丞专管。迄今二十余年，各处情形又有不同，大约责成州县调度易于合宜，专任驿官办理每虞掣肘。"因此，"直隶驿站有离城不远、州县尚能兼管、无需专设驿丞者，似宜酌量归并，以专责成"。如"天津县之杨青水驿，虽有驻扎杨柳青之名，实系附近府城，即现管额马二十匹，又系递马，并非驿马，并应归县管理，于杨柳青改设巡检，就近稽查"。

奉新驿等驿站被裁撤后，原有的驿递功能也不可能丧失。后来，还可根据需要予以强化。同治《静海县志》载明："铺舍之用，等于驿"，"驿有递，益以铺舍，所以济驿之穷。县共铺五座，棋布而星罗，呼吸相通，无远弗届。额设铺司、铺兵二十名。四至程途九十余里"。此五铺为："在城铺，铺司四名、铺兵二名；双塘铺，铺司三名；钓台铺，铺司三名；良王庄铺，铺司二名；天津府铺，铺司五名。"

光绪《重修天津府志》又载，静海县"额设四铺，铺司兵二十名。总铺南十五里至双塘铺，十五里至钓台铺（又二十五里至青县流河铺），北二十五里至良王庄铺（又十五里至天津县炒米店铺）"，"铺司二十名内，分拨院道军厅铺司五名"。总铺，即设在静海县城内的在城铺，铺管相当于原来的驿丞。

同治九年（1870），直隶总督李鸿章兼任北洋通商大臣，常驻天津行馆，"驿差浩繁"。静海县知县遂"详请添设马匹"，转年初获准"添驿马三十匹"。

"杨青水驿"木制匾额（166cm×53cm）。杨青驿设在杨柳青，原署静海县，雍正八年归天津县辖。其与奉新驿相距约六七十里，往来密切

奉新驿驿丞是何来头

乾隆《天津府志》、同治《静海县志》、光绪《重修天津府志》不仅对奉新驿的沿革语焉不详，对历任驿丞的履历及任职时间，也着墨不多。

乾隆《天津府志》仅载奉新驿驿丞五名："王廷松；王辚；于启泰（江南江都县人，供事）；邢国桓（山西浮山县人，监生）；沈百龄（浙江海宁县人，监生，雍正九年任）。"同治《静海县志》中，又在王廷松、王辚之间增加路程鹏。光绪《重修天津府志》则统将以上六人的任职时间归为雍正年间。

光绪《畿辅通志》载，乾隆三年（1738）后，沈百龄改任丰宁县大阁儿巡检，莅任期间增修大阁儿巡检廨。1994年版《丰宁满族自治县志》则明确其担任此职的时间为乾隆五年至十二年。这也表明，沈百龄赶上了奉新驿驿丞兼衔巡检的好机会。

沈百龄官至知县，颇著政声。《海宁州志稿》等载："沈百龄，字松年，监生"，乾隆十二年升任三水县知县，乾隆十七年任台山县知县，乾隆十八年至二十年任电白县知县。嘉庆二十四年《三水县志》载其为官事迹："沈百龄，浙江海宁人，乾隆十二年来尹斯邑，有干济才，补偏救弊，无不备至。若修文庙及各坛宇，以崇祀典，其首务也。他如整义塾、修基堤、行赈济，立心行政，为民生所利赖者，不可更仆数。且也和夷营弁、体恤汛兵，邑故冲、疲，处之裕如焉。以才迁电白。去之日，兵民交口称颂，至今弗衰。"

而对于沈百龄前任邢国桓的宦迹，文献中也有所记载。乾隆十年《浮山县志》载，邢国桓之父"邢叮生，兵部效用，直隶通协三河卫守御千总"。邢国桓历官"主簿、南直隶静海县巡检"。此处所载的"南直隶静海县"（明朝以前在浙西通州设静海县），应为直隶省静海县之误。光绪《永平府志》载："邢国桓，山西浮山人，雍正十一年至十二年，署（滦州）榛子镇巡检。"

又据浮山县张庄乡《南张村邢氏家谱》载，邢叮生因"治戎有功，圣天子嘉乃懋绩"。康熙三十六年（1697），邢国桓三兄弟为父母镌立

《皇清兵部执事邢公暨诰封张孺人合葬墓碑》。乾隆三年（1738），邢国桓之子又镌立《皇清深州州判邢公国桓诰封孺人周氏合葬墓碑》。据此可知，邢国桓官至深州直隶州判（秩从七品）。

　　奉新驿驿丞历俸已满后，显而易见的晋升渠道即授为巡检。而入流后有无升用机会，就得看综合表现如何了。

独流厂与芦苇税

■ 王勇则

明代，在静海县设独流厂。独流厂是干啥的？未见志书有载。

督征苇课银

除了人们熟知的"厂卫"之外，明代的"厂"还有多种解释。《明史·职官志》载："凡物料储偫，曰神木厂、曰大木厂，以蓄材木；曰黑窑厂、曰琉璃厂，以陶瓦器；曰台基厂，以贮薪苇。皆籍其数，以供修作之用。"

独流厂与北京台基厂相类，既是贮存苇草之地，也是征收苇课的机构。《明实录》对此记载明确。

一是嘉靖二年四月丁亥（1523 年 5 月 1 日）："罢独流厂征收苇课军道官，专责州县起解。以主事郑骝言也。"

二是嘉靖五年正月乙巳（1526 年 3 月 4 日）："复设独流厂督理苇课指挥二员。初各厂苇课已革军职，令有司征解。及是逋负（指拖欠赋税）益多，工部请验问有司罪状。仍设军职，会同州县委官催督。上从之。"而1962年版《〈明世宗实录〉校勘记》载，"指挥二员"之后又有十七个字，即："蔡村掘河厂、尹儿湾南厂北厂千户各一员"。可见，独流厂主官的品秩比千户（秩五品）高。

《明史·职官志》载：洪武七年（1374），"申定卫所之制"，"每卫设前、后、中、左、右五千户所，大率以五千六百人为一卫，一千一百二十人为一千户所"。洪武二十年，"始命各卫立掌印、佥书，专职理事，以指挥使掌印"。洪武二十三年，"又设军民指挥使司、军民千户所。计天下内外卫凡五百四十有七、所凡二千五百九十有三。自卫指挥以下其官多世袭"。据此可知，独流厂的督官为卫指挥（秩四品），这表明独流厂备受明政府重视。

芦苇这种水生植物的用途广泛。明代以前，芦苇就已成为各地的重要经济作物了。明李时珍《本草纲目》载："北人以苇与芦为二物。水旁下湿所生者，皆名'苇'。其细不及指大，人家池圃所植者，皆名'芦'。""然则芦、苇皆可通用矣。"

明代苇田（芦田）有稀芦、密芦、上地、中地、下地、草地、泥滩、水影滩等之别。苇课（芦课）就是对苇田征收的税种，俗称芦苇税。其课额各有不同，有正项、耗羡等名目。有的地方因与渔课一体开征，也称渔苇课。

军管苇课地

海河流域芦苇丛生。《直隶河渠书》载："天津海河为南北众水所归。独流、杨柳青一带，东近运河，西连淀地。潮汐一日两至。夏秋汛发，南北诸水，汇归天津。四望弥漫，骤难归海。"这一地理特点，也使得芦苇易于生长。对于盛产芦苇但不宜种植禾苗之地，也称苇课地。

明代，官方征收苇课银的收入愈加可观，对海河流域芦田的管理也日益加强，初由军方划定"厂地"，以期保障供给。独流厂遂应运而生。

《大明会典·苇课》载："凡营造各工，合用芦席。永乐间，选差指挥，督率军夫，于杨村、南北口尹儿湾、南北掘河'五厂'苇地，打苇织造。后，厂地被军民侵种。差官踏勘，立石为界，设有庄头佃户。"天顺二年（1458）奏准，"每地一亩，征席三片、苇一束。差武功三卫指挥等官，协同有司催办，五年一替。仍行通州管河郎中管理"。嘉靖十三年（1534），"革去武职，行各府州县掌印管粮官督征。每亩征收课银，高阜三分，低洼二分。小民概称低洼规避。以后，不分高下、肥瘦，每亩止征二分。仍札委通州管河郎中兼管督催。每年限十月以里，将征完银两解部，年终造册奏缴"。

明嘉靖年间征收的苇课，集中在顺天府武清县五厂（蔡村掘河厂、杨村北厂、杨村南厂、尹儿湾北厂、尹儿湾南厂）以及顺天府霸州、文安县、大城县，河间府静海县等地。以上苇地"原额四千五百七十顷六十四亩九分六厘四丝"，每岁"需用苇额共计四十三万斤，征银九千一百四十一两二钱有零"。其中，"河间府静海县九百三十八顷一十二亩七分五厘四毫五丝"，占以上苇地的20%。

由于官办苇厂组织生产的规模加大，需员甚多，独流厂也被指定为罪犯服工役之地。《大明会典·工部》载有《准工则例》《囚徒该拨厂分》。其中："计赃准窃盗、监守自盗、仓库钱粮盗赃而故买，拨马鞍山灰厂、周口灰厂、大峪楸棍厂、瓷家务灰厂、寅洞山厂、西山斋堂炭厂、杨村南北厂、尹儿湾南北厂、蔡村掘河独流厂。"而据他处文献所载，蔡村掘河厂（属武清县）与独流厂并非一处。

明代，人民赋税已较重。每遇灾荒，苇课征收亦受影响。以往虽有武官督催，但苇课征缴未必够完纳。《明实录》正德十一年七月戊子（1516年8月6日）："减免霸州及大城、文安、静海三县苇课有差，以灾故也。"

改归静海县

独流厂的军管模式于嘉靖十三年（1534）被改革后，苇课改归静海县知县掌管。独流厂之名也已不载史册。此后，当地苇课银的征收也有缺额。《明实录》隆庆二年三月辛酉（1568年4月8日）载："顺天河间一府有拖欠苇课者"，查系"嘉靖四十五年以前，俱与蠲免"。如"苇地被水冲漫无存，所司仍与查勘明实，具奏除豁"。据此也可知，明中后期，独流镇一带的苇课征收压力有所减轻。

后来，官方对独流镇的苇课地的划分趋于合理。《大明会典》载，万历五年（1577）题准："行保定巡抚及通州管河郎中查勘河间府静海县独流等一十六庄苇地。除上地一百七十三顷一十六亩四分，每亩照旧征银二分外，中地一百一十三顷四亩二分，每亩止征银一分；下地三百五十八顷四十二亩八分有余，及逃绝地二百九十三顷四十九亩三分有余，俱免征。以后，如水退，复开垦成熟，仍照例征收，不许势豪占管。"万历《工部厂库须知》载："静海县每年原额苇课并新增认，共银四百七十四两一钱二厘八毫一丝七忽。"

李焕章《郡三大臣传》载，明崇祯辛未（1631）四月，"驳御史袁弘勋以苇地归并户部疏。工部之有苇课，犹户部之有屯税也。额定之税赋，载在版章"。其中，"静海县原额苇课银四百八十一两二钱四分零"。奉旨："据奏，苇课、屯粮各有经界。着袁弘勋严饬经管州县，丈勘明白，造册报部，永为定则，不必另议归并，徒滋纷扰。"

清代，静海县苇课银仍为一项可观的财政收入。同治《静海县志》既载"苇课征银五百六十五两一钱八分八厘"，又载"苇课新增地四百七十九顷八十四亩四分一厘，每亩征银一分一厘二毫，共征银五百四十两二钱五分九厘七毫"。

清末苇课愈发不靠谱。李鸿章《清理东淀折》光绪八年正月二十日（1882年3月9日）："查霸州、文安、大城、静海旧例，苇课自数厘至六分不等……静海有至一钱六分者。乃原奏谓旧例自数厘至一分八厘而止，并未考查明确。""去秋，饬派奏调差委道金福曾、天津道吴毓兰，督同沿淀霸州、文安、大城、静海四州县，斟酌查办。令将实系碍水之地，仍让于水，其余饬各业户，将种地若干、完粮若干，自行据实报出，听候派员勘丈。""旋据金福曾等酌拟章程四条：一曰定界址。凡有碍水道及现在水深数尺尚有淀形之处，应留出，以资蓄水，永远不准栽苇垦种。其中有完纳苇课、水泊等粮者，查明奏请豁免。"这表明，静海县的苇地此后有所减少。

太平天国北伐军与独流

■ 葛培林

当年，太平军与清军在独流的战事可谓激烈。

1853 年 3 月，太平天国革命军攻陷南京，改称天京，正式建立了与清王朝对峙的政权。同年 5 月，分兵两路，西征和北伐，对清朝统治区开始了大规模的主动出击。天军北伐的目标是直取北京。1853 年 5 月 8 日，太平军将领林凤祥、李开芳率一万数千人自扬州出发，一路势如破竹。10 月 29 日，占领静海县城，分军克独流镇、杨柳青。

此时的北京城，官室、富户迁逃者"不下三万家"。清廷调集兵力，进驻天津，迎战北伐军。10 月 28 日，僧格林沁率军赴天津协防。清廷命天津盐运司刘向赞、知县谢子澄招募壮勇四千人，地方办团练兵两千人，连同地方驻军共七千余众，固守天津。北伐军在独流镇筑土垒，造木城，加固防守。11 月 1 日，北伐军一路抵天津西郊稍直口，被清军击败。

11 月 2 日，清军进驻武清杨村、黄花店、王庆坨等运河要道。这样，堵住了北伐军进京的水路。11 月 3 日，清军围攻北伐军于静海南门运河东、西岸渡河。11 月 4 日，清军进驻距独流二十里的瘸柳屯。11 月7 日，清军进攻杨柳青。北伐军为缩短防线，弃杨柳青，撤守独流、静海。然后，清军重兵对北伐军形成合围之势。11 月 11 日，清军攻独流。11 月 12 日，驻守独流的北伐军分兵驻外围王家营、苟家营和五里铺以扩大防区，分散清军兵力，打破清军"先破独流"的战术。11 月24 日，清军用八千斤大炮再攻独流镇，还是被北伐军击退。12 月 12日，在静海县城的林凤祥率马步千余援独流，李开芳率众分四路出击，被清军截击。12 月 16 日，清军再攻独流，李开芳率众凭垒将敌击退。12 月 19 日，独流西路防军节节布置。12 月 23 日，北伐军击败清军，天津知县谢子澄被击毙。

1854 年 1 月 2 日，清廷增兵大举进攻独流。太平军两次冲杀，未能将清军击退。北伐军孤军北上，由于长时征战，人员损伤甚众，援兵迟迟不到，加之清军屡屡增兵，集中兵力合围夹击，越来越处于被动挨打的境地。虽不断出击，亦不能胜。

1 月 14 日，李开芳于独流分兵三路击清军，不胜。1 月 16 日，林凤祥于静海率军千余人援李开芳，亦败回。1 月 17 日，清军增至三万人。而北伐军总兵不到万人。

1 月 27 日、28 日和 2 月 2 日，北伐军自静海县城、独流镇分兵突围，向西南撤退，均被清军追杀，损伤惨重。

太平军独流筑木城

■辰 月

1853年3月（咸丰三年二月），太平军攻占南京。为了巩固太平天国政权，同年5月派天官副丞相林凤祥、地官正丞相李开芳自扬州出师北伐。时天王洪秀全指令太平军过黄河，"到天津扎住，再告诉他，再发兵来"。10月太平军攻陷静海、独流，直逼天津。

早在太平军北伐的消息传出时，清廷已有了准备，天津县招募组织了"芦团"。太平军逼近天津时，天津知县谢子澄、盐商张锦文组织"团练"，招募四千人，加上天津的清兵达七千余人。太平军向稍直口发起进攻时，遭到奋勇抵抗，太平军死伤二百余人，将领"开山王"当场阵亡，随后退守静海、独流一带。

独流是南运河边的大村镇，是南北水路的要冲之地，也是兵家必争之地。为了坚守待援，太平军在独流构筑木城，以椽柱、门板、窗棂、磨盘、石磴、酒坛为材料，"内堆盐包、外壅黄土"，木城外挖壕放水，暗插竹签。这里集中了太平军大部分兵力，由李开芳亲自指挥。为此，清军也把独流作为重点进攻的对象，由钦差大臣胜保率兵，并从天津海口调运五千斤、八千斤大炮。

11月下旬，连日刮起大风，天气转冷，运河封冻，给大部分士兵是南方人的太平军带来很大困难，于是太平军伺机突围。清军也看出这个动向，加强了戒备与攻势。11月24日，胜保在独流东岸指挥清军分别从西北、东南两面向独流发起进攻，在运河船上架起八千斤大炮向独流街口轰击。独流镇的房屋、望楼、太阳宫多被击毁。在炮火的掩护下，清军抬着云梯、木板对镇西北的太平军木城发起进攻。太平军集中火力，顽强抵抗。12月1日，谢子澄率天津兵勇到胜保大营效命，以加强攻势。同时，林凤祥率静海的太平军向独流的李开芳进行增援。

12月23日，胜保率百余名清军，到独流西北子牙河察看地势。太平军得知消息后，从南岸分三路出击。清军各部急忙拦截，谢子澄也带领天津兵勇参战。战斗至黄昏，太平军佯退木城。副都统佟鉴率部拽取木城外壕沟的踏板，情急之下，失足滑倒，被太平军当场刺死。谢子澄率部增援，被太平军认出，也为枪炮杀害。损失两员大将，胜保"仰天跌足，痛愤填胸"。

此后，胜保采取步步为营的策略，在独流附近的余家堡、李家楼、杜家嘴等村筑临时炮台，逼近太平军木城。清参赞大臣僧格林沁率部增援，加大了对独流的攻势。战争十分惨烈，静海诗人郑怀珍有诗："烧残余烬惨留痕，片瓦无存积雪屯。稚子可怜惊未定，到家犹问是何村。"

1854年（咸丰四年）2月5日，独流太平军向静海撤退，胜保率清军进入独流，杀伤太平军无数，焚毁木城。

独流曾有"蓝灯照"

■ 任 而

据胡绳《从鸦片战争到五四运动》记载："直隶省境内义和团的活动，起先还只是在与山东省邻近的地区。到了光绪二十六年（1900）的三四月间，义和团的组织已经几乎遍及全省所有的州县了。""参加义和团活动的有不少妇女，她们在天津被称为'红灯照''蓝灯照'。"有关"红灯照"的史实，目前文献中有较多涉及；而关于"蓝灯照"，则见诸史料者甚微。查中华书局1959年版《义和团档案史料》、神州国光社1951年版《中国近代史资料丛刊·义和团》等资料，均鲜见对"蓝灯照"的具体记载。反之，作为当年发生过的历史传奇，"蓝灯照"的故事在民间却口口相传，流传至今。

1984年，国家文化部、国家民委、中国民协三单位联合下发了编辑出版《中国民间故事集成》的通知。天津民协随即成立相关机构，负责本地区民间文学资料的普查、记录、整理等工作，并于1990年编出了内部资料《中国民间文学》天津卷之一的"静海分册"。这其中，就有难得的"蓝灯照"在独流的民间传说。鉴于2004年公开出版的《中国民间故事集成·天津卷》中并没有收入这些传说，故笔者综合整理"内部资料"中有关独流"蓝灯照"的故事如下，以飨读者。

清光绪二十六年（1900）四月，河北省新城县白沟村船夫张德成在天津义和团首领海乾和尚的指引下，于独流镇北老君庙设立号称"天下第一坛"的义和团"坎"字坛，并提出"扶清灭洋"口号。张德成自任总坛主，委任独流镇武林高手刘连胜为大师兄。团内除老少爷们儿外，尚吸收大量妇女参加。这其中，由12岁至18岁少女组成者，称为"红灯照"；由中年妇女（一说寡妇）组成者，则称"蓝灯照"。是年夏，张德成率众人分乘72艘大船进军天津，参加了义和团攻打老龙头、紫竹林等战斗，战功卓著。但随着7月13日八国联军攻陷天津，张德成只得率部撤回独流。9月中旬，八国联军追到独流，血洗村庄，大师兄刘连胜为掩护众人不幸被杀，幸存团员遂作星散。

当年冬天，与独流比邻的台头镇教堂洋教士爱德华带随从高七欲往天津过圣诞。此事被隐藏在独流大桥附近的"蓝灯照"大师姐黑丫获知，便派师妹兰花花和刘连胜妻子玉莲撑冰船到王口镇，将绕道于此逛妓院的爱德华二人诱骗上船。就在爱德华贪恋兰花花美色之际，玉莲脱下外罩，露出一身蓝裤褂。高七仔细一瞧，发现此妇人正是"蓝灯照"中的刘连胜之妻，不禁惊恐瘫倒。玉莲与兰花花施展点穴之技，将二人制服后，一溜风将船撑到独流，与黑丫会合一同来到刘连胜坟前，把二人绑在木桩上，边往他们身上泼水，边数落其罪行，直至二人被冻成冰人。随后，姐仨将两个冰人放到船上，船头点上蓝灯，船借风势，直接"飞"向当城教堂。

德国人私运军火交涉案

■ 王勇则

　　1914年7月，第一次世界大战爆发。主要参战国已在华划定势力范围，且多有军事存在，遂在中国地面上蠢蠢欲动，加紧排兵布阵。

　　德国人私运的军火在静海县独流镇火车站被扣留后，围绕此案引起了一场外交纠纷。从北洋政府外交部档案中的相关记载可知，这起交涉案并不是孤立的，而是反映民初外交政策的一起典型个案。

　　一战爆发之初，战局复杂，混沌一片。为避免战火殃及中国，北洋政府于1914年8月6日宣告中立，并公布《局外中立条规》二十四条。8月11日，直属政事堂的中立办事处成立，由中央各部、处等派员组成。进退失据的袁世凯酌派梁士诒、孙宝琦等主其事。北洋政府试图明哲保身之举过于天真，但中国当时在世界舞台上尚无应有地位，也是残酷的现实。

　　德国清末已占据胶州湾，并在青岛辟有租界。1914年8月15日，日本借口对德宣战，向德国发出最后通牒，要求9月15日以前将全部胶州湾租借地无条件交付日本。局势顿时紧张起来。德国人遂借道天津暗渡陈仓，源源不断地向山东运送军火。

8月22日，直隶将军、直隶巡按使朱家宝致电外交部："昨据津浦路局局长赵庆华函称，据独流镇站长报称，有德人立白，到站拟运机器赴济南。当查并非机器，确为军用物品。该局随派正车长关瑞麟往查。复称，查得此项物件，确有八十五箱之多，均系枪炮以及各项军用附属物品，系由德人四名，用船由被禁运至独流镇，转运济南。其由水路运往独流者，盖恐税关查出扣留之故。并云，此机器系运往泰安开矿之用。已派人至总局，见总工程司德浦弥勒，预料定可转运。故擅自雇用小工，将车拉至河边岔道装车，一再嘱其开箱查验、禁止装载，坚不认可，并到站声称，明日准要将车挂往。等语。家宝查此项军火，德人潜运独流镇上车，经站长扣留，而该德人称系开矿机器，显系伪托。当经派员向德领声明。德领拟再确查。现告之路局，加派路警，严行扣留。俟德领复到，再行电请示遵，按照条规办理。"

文中提及的"总工程司德浦弥勒"，即津浦铁路北段总局总工程司德浦弥勒（G. Durpmiillcr）。其为德国人，生于1872年，清末已在任。时住天津河北黄纬路，是此案的帮凶。1917年因被视为敌侨而停职。

外交无小事。朱家宝转天再函外交部："兹经派委军务厅长（刘锡钧）会同中立办事处人员，前往点收，计原箱军械八十四只，系荣克所运。又，军械四十八件，系立白所运。均亲笔签字，愿交与接收人员。除饬军务厅妥为存储外，谨电请备案。"外交部遂复电："既系查出伪托确据，自应照章扣留，万勿放行。"

此前的1914年8月中旬，直隶省当局已在天津北部、塘沽等地，相继发现德、法等国偷运军火的行径。其中，德国人偷运的子弹、炸药共计十五箱，经陆军部批准，已就近经水路运至位于韩家墅的某骑兵营，交由卢香亭收管。

德国军火在独流镇败露后，仍不收手。天津军警又在独流镇迤西的抬头村发现大宗德国军火。朱家宝于8月26日函称："昨据水上警察局报告，在静海抬头村，查获德人军械船三只，当派员前往勘验。查明炮弹五十九箱、火引九箱、电报机器七箱，计七十五箱。押运德人名韩伯利，已允将前项军械交中国官员接收。现饬由抬头运往独流车站。家宝复查，前在独流查获德人军火，承准统率办事处漾电。嘱运德县兵工厂暂行收存、严密看守。等因。此次查获炮弹多件，拟请一并运交'德厂'收存看守，以期稳固。已电示遵办，并电饬接洽。"

其实，《局外中立条规》对此已有明确规定，如"各交战国之军队、军械及辎重品，均不得由中国领土、领海经过"。如有违背，"应听中国官员卸去武装，并约束、扣留，至战事完毕之时为止"。但西方列强在华势力对此置若罔闻。当时已查知，德国人正在向济南运兵，法国人也在天津招募兵员。

交战国在华的最新军事动向，引起了北洋政府的高度警觉。当轴生怕卷入战事，遂抓紧商议应对之法。其中，细化《局外中立条规》成为当务之急。

时任税务处督办的梁士诒，经与津海关监督徐沅等商议后，禀称："查各交战国现因青岛地方距京较近。对于各该驻津军队，彼此互相查察，防范甚严。送准照会直隶巡按使，转饬各机关，遵照《中立条规》妥慎查办。前项运输军械及换防等事，虽不为条规所禁阻，惟按照惯例，查酌津地现时情形，似尚有应行声明、预为明定限制之处。"

原来，在原订相关章程中涉及的"进口"或"转运他口"等语，"系指由各国运津起卸而言，只须照章查验，无待具论"。梁士诒等认为："惟转运他口一层，津关若漫无限制，诚恐各国借口转运为名，或有私运他处情事。即如德国，现有军火十五箱，由北京杂货车内夹带至津，经京奉车站查出扣留。德使即以接济驻津军队为言，要求发还，虽经直隶巡按使照章拒绝，而流弊似不可不防。"

不可不防者还包括各交战国以换防为名擅自调运军队之事："查各交战国驻津兵队，近因青岛逼近，彼此互换侦查。德国则屡有照会，均以英军队将开往内地攻击青岛为言，声请设法禁阻。若听其照旧换防，不预先知照该军队，一经开动，彼交战国即疑此交战国有干涉战争之举，势必互起责言。"为避免中国政府为此"多费手续"，梁士诒等建议尽快发布限制性声明，以期防微杜渐，以免滋生枝节。

8月29日，中立办事处致函外交部，通报税务处拟定的相关办法。一是在中国实行中立期内，"各交战国现驻北京至山海关间之使馆卫队及留驻兵队，无论如何互换，均以北京至山海关一带地点为限，不得调往他处"。二是其所需军火，"仍照向例准其进口，由各该国领事知照海关监督，分别征税验放"。三是相关军火进口后，"只许转运至北京至山海关间各该交战国驻有卫队、陆军各处所，不得转运他处，亦不得于中立期内再运出口"。四是各交战国驻华领事应将"军火细数及转运地点、起运日期，先期知照海关监督查核"。

与此同时，交通部也声请："查各国卫队来往，既为《中立条规》所许可，自应按约照旧输运。惟事关军队，易启嫌疑。路员有时实难于应付。"遂明定规条数则，颁发京奉铁路，认为此举"庶于国际路务两有裨益"。一是各交战国若调动兵队，或须由火车运送所需军火及军需品，应有相关国的驻华使馆出面，"将人数、职事、地点及随带军械等件"及"军火、军需各目及运送起讫地点"，开列清单，"证明确系调防之用，与此次战事无涉，知照京奉铁路局，再行转饬各该站，验照输送"。二是"倘此项军火及军需品之件数与来单不符，铁路得推却不运"。三是"倘遇两国以上兵队适皆欲同搭一次火车者，当以来文在前者先行运送，以免彼此在车上冲突之虞"。

德国人私运军火引发的北洋政府一系列外交举动，颇令人深思。

一是帝国主义向来都是无视中国主权，混横不讲理，认为在中国领土上可以任由其胡作非为、肆意践踏。民初，这种局面并未得到有效改善。

二是对于德国人私运的军火积极查扣、态度强硬，似可令人扬眉吐气，但从总体上看，北洋政府慑于帝国主义的淫威，不敢得罪交战国，显得唯唯诺诺、有气无力。而基于这一理念采取的措施，根本上就是受累不讨好。主其事者甚至还把1901年签订的不平等条约《辛丑条约》中的相关条款也搬出来，试图让交战国在华有所收敛，则属可笑至极。

三是对于一战期间西方列强在华的军事活动，北洋政府试图居间调解，力求维持平衡、维护秩序。这肯定不是什么好主意。西方列强怎么可能乖乖地就范呢？事实也是如此，已打得不可开交的西方列强根本就不吃这一套。此后，北洋政府不得不在山东划出日德交战区。虽说中国军队可以坐山观虎斗，但遭殃的终究还是中国人民。

实际上，北洋政府指望中立的"鸵鸟政策"，也难以长久维持。后于1917年参加协约国，向德奥宣战，并派赴中国劳工赴欧参战或从事勤务。其渴望参与国际事务、谋求外交平等的意图明显，但投机心态严重。仅在《一战英招华工死亡名录（1917—1920）》中，就开列多名死于法国的静海县劳工，如卞成林、刘广福、张儒芝、郭明、王学礼等。其中也应包括独流镇人。此为后话。

国民革命军在独流

■ 王敬模

　　民国初期，军阀混战，位于战略重地的独流镇一带更是民不聊生。1926年6月30日《益世报》中载："津浦路独流等处，因军队往来，驻防该处，人民无不似惊弓之鸟。兼以屡次军队之集，横遭蹂躏，不堪言状……此次兵灾之后，富者尚可勉强支撑，贫者奔走异乡，哀怜乞食……"

　　1927年2月12日《益世报》又载："独流镇为津静两县之要镇，每年商业非常繁盛，近来迭遭匪灾，元气凋残，市面商业萧条不堪，抢劫案屡次发生，人民生活异常困难……"

　　1928年6月，国民革命军北伐军第一集团军第四军团收复了静海一带。是时，第四军团总指挥方振武的总指挥部设在独流镇。北伐军在这里驻守一个多月的时间里，在抓紧练兵的同时，还做了许多有益的事情：

　　朝会练兵。国民革命军北伐军素以吃苦耐劳著名。每日天将破晓，全体官兵即齐集药王庙前朝会。先由王日新师长宣读孙中山先生的遗嘱训话，次由该师政治部主任做政治讲演。讲演后，进行练兵。

　　士兵修路。是时，独流镇道路高低不平，若遇雨天，则积泥没过脚面。88 师王日新师长见到这 情景后,遂令士兵将全部街道进行修补,中间面以黄土,两旁加以阴沟。修补后,行人均称便利。

宣传革命。方振武进驻独流镇后,革命文字随处可见,各街口均有大幅标语。每星期一举行扩大军民总理纪念周,各界参加者数百人。

成立建设委员会。北伐战争结束后,各地均加大了建设力度。为此,国民革命军北伐军在独流镇组建起建设委员会,并建立起公共书报室、运动场等。

成立军民俱乐部。军民俱乐部建在独流镇德庆当铺东院。每日军民往游者甚多。每星期举行三次军民同乐会,借以联络军民之间的感情。

1928 年 7 月初,方振武以"独流地方过小,人民负担颇重,遂移驻杨柳青"。仅留第88师之一部驻守独流。总指挥部虽然撤走了,但随着北伐军的到来,独流镇在以后很长的一段时间里,一直社会安定、商业繁荣。

独流镇中山亭

■ 王勇则

　　静海独流镇文昌阁院内曾建中山亭。此中详情鲜有记载，仅见《追忆独流文昌阁》《独流文昌阁始末》二文，可予参考："久驻独流的某军长官方振武，鉴于'坛庙臻备、惟缺文昌'之上情，遂于1932年倡议三造文昌阁，阁呈尖顶。"当时，"阁前曾建有专为焚烧字纸的小亭一座，高二米，命名'中山亭'"。方振武为之题联："中外咸钦道德精神永不朽；山河已改国民革命告成功。"此联"冠'中山'二字，故名'中山亭'。每当私塾、学堂开学，师生必手擎书有'敬惜字纸'的黄色小旗，毕恭毕敬地前来拜阁。平时，镇内字纸亦到此焚烧"。

　　文献记载则表明，独流中山亭建于1928年。《申报》1928年7月11日《北方军事杂讯》载："天津方振武捐资，令所部士兵修葺独流镇文昌阁，并建中山亭（十日下午五钟）。"

　　关于独流文昌阁、中山亭，挖掘空间和研究意义都很大。

　　一是独流文昌阁清代屡加修葺。同治十二年（1873）版《重辑静海县志》载："独流镇河东有文昌阁一座。乾隆五年（1740），李经介施地六亩五分，李学诗劝捐创建。咸丰三年（1853）毁于'发逆'；十年（1860），李学诗五世孙、庠生荫塘与贡生侯毓刚、封职朱衍绪重修，规制如初。邑中科名，独流鼎盛，诸士崇敬，斯文之报。"1934年版《静海县志》又载："阎联奎，字鲁堂，监生，祖居洋芬港，乾隆初年迁居独流镇。""道光十年（1830）建文昌阁于独流镇。"

二是方振武率部参加"二次北伐"，进驻独流。1928年《申报》对此报道较详。2月14日："第九方面军方振武（现已改为北伐第十一路总指挥）全军，新近由豫南信阳、孝感，集中驻马店，参加河北战争。""方部共有五军，军容甚壮，亦国民军军队之佼佼者。"6月11日："第四军团总指挥方振武，鱼（6日）晨率部抵静海。"6月15日："方振武派员来津，设立第二集团第四军团司令部。"6月16日："陈策十四日午专车赴唐官屯，欢迎陈调元。车至独流，因路轨损坏，不能进，下车访方振武。"6月20日："方振武部已抵杨柳青，三十七军（陈调元部）进驻独流镇。"6月28日："方振武第四军团部由独流移驻杨柳青。"

三是缘何倡建独流中山亭？《申报》1928年6月30日："方振武二十八日早，由独流来津，下午三时赴北平。""方振武二十九日晨六时，同参谋处长杨珏、随军参谋江声煌等，赴西山奠祭总理。"7月9日："天津方振武令所部三万人挖浚御河（即南运河）。"可见，独流一线战事甫定，方振武即关注民生、安抚地方。而兴建中山亭，则出于对孙中山先生的敬仰。

天津特别市政府成立伊始（南桂馨于6月25日就任市长），各界尚未开展相关纪念活动。笔者判断，独流中山亭既是天津最早设立的纪念孙中山先生的公共场所，也是天津最早开辟的北伐战争胜利纪念地。

抗击日军的独流之战

■ 王敬模

　　1937年七七事变爆发后，日本趁与中国国民党当局"谈判"之机，从中国东北及其本国源源调兵，做好全面侵华的准备。1937年7月21日，日方撕毁"停战协议"，开始大规模侵略中国的战争。

　　据日文版的《同盟旬报》报道，1937年7月30日日军侵占天津后，分兵两路，以第二军之矶谷师团沿津浦铁路东侧，中岛师团主力沿津浦铁路西侧，继续南下，进犯独流镇。是时，国军官兵和独流人民同仇敌忾，一致抗日，和日本侵略军周旋了十八个日日夜夜，拖住了日军南下的步伐。

　　7月29日，29军38师撤出天津后，侵华日军很快地占领了天津以南、独流以北的大部分地区，并压抵独流镇境。

　　当时，在独流镇驻防的29军37师才从北平撤出，因时间仓促，来不及在独流镇外挖筑工事，坚固防线，只是在镇内主要路口挖了战壕，将民房掏了很多枪眼，作为防御工事。

　　8月6日至16日，日军对独流镇发动多次进攻，都被守军击退。战斗中，守军高级军官亲临前线督战，擂鼓为士兵助威。当地群众冒着枪林弹雨把大饼、绿豆汤送上阵地。日军屡攻不下，改一线进攻为南北夹击。8月21日夜，日军首下部队占领独流镇西北方向的七堡村。22日凌晨，宫歧部队一千余名日军从良王庄出发，兵扎独流镇东南。是日，首下、宫歧两部前后夹击，向独流镇发起总攻。

宫歧部队沿南运河东岸逼近独流镇，占领了数丈高的水塔。他们架起轻机枪，居高临下向守军猛烈射击。嗣后，又爬上民房，架起多挺轻机枪加强火力。

首下部队从镇北攻下玄帝庙，后又占领了"振记煤厂"的岗楼等多处有利地形。8月22日，37师的官兵与日军展开了激烈的巷战，很多士兵用大刀与日军展开了肉搏。

当时，正值初秋，阴雨连绵。守军奋战一昼夜，士兵战斗力大减，而日军后续部队连续跟上。在敌众我寡的形势下，37师于23日上午12时撤出独流镇。这次战斗，双方都有较大损失，37师官兵伤亡数十人，并损毁轻机枪十多挺、弹药数十箱；日军亡大尉一人、少尉二人、士兵三人，伤校官一人、士兵十多人。

日军侵占独流后，很多无辜百姓遭杀害，其中有姓名记载的八人，无名氏多人。此外，还有多名外籍学生在这里惨遭杀害：1937年8月31日，日本兵押着六十余名学生，手腕用铁丝连在一起，从天津方向来到独流镇附近的南肖楼（水楼子旁）洪德坟地，在事先挖好的一长方形土坑前一字排开。嗣后，均被日本兵用机枪打死，并被埋在土坑里。

崇文尚武

注重教育的独流

■ 王敬模

独流文风兴盛，是精英蕴结之区。旧时，社会名流层出不穷：名噪一时、财富五车的海张五，号称袁世凯"四大干将"的海军上将郑汝成，扬名冀中一带的画家侯秉衡，武术家任向荣……都出生在这块土地上。在中国近现代史上，独流镇之所以名人辈出，是和这里重视教育紧密相关的。

历史上，独流虽然只是一个镇的建置，但在静海的教育事业中，却占有多个全县之最。

义塾，又称义学，是免费招收贫穷子弟读书的学校。静海县的第一所义塾建在清朝雍正五年（1727），这就是独流镇建立的养源义塾。当时，这里的义塾设塾师、监学、绅董各一人，经费由官府筹集，学童定额二十人。同治九年（1870），由县人岳山重修。以后，这里又建立了多所义塾，其中有清光绪十九年（1893）县人夏永福捐建的福善义塾、县人高廷恺建立的万善义塾，还有清光绪二十年（1894）由静海知县史善贻建立的一善义塾和元善义塾等。

独流镇于光绪三十二年（1906）春，建立起静海县第一所私立学校——蒙养学堂，招收初、高级学生。

民国初年，军阀混战不断。至1928年，由方振武将军领导的北伐军第一集团军第四军团收复独流镇时，静海全县学校停闭十余处，独流镇的小学教育也受到严重破坏。北伐军驻防独流后，这里的地方士绅积极办教育，建起了多所平民学校和私立学校，比如1930年宋振钟、宋韶斋、李瑞亭、李光普等筹办的独流太阳宫平民学校，宋云斋筹办的南街平民学校，刘兴武筹建的独流关帝庙平民学校，以及1931年王铸、刘翰卿等创办的独流女子小学……当时，独流镇的地方士绅自己出钱办教育，在静海县也是鲜有的。

静海县的中学教育最早也是由独流兴办的。1930年9月，在独流两级完全小学内设有静海县第一个初级中学班。1944年春，建立静海县第一所初级中学独流英武中学。到1948年独流镇解放前夕，该镇共有中学生50人、小学生819人（其中公立学校559人、私立学校260人）。

中华人民共和国建立后，独流镇的教育事业蓬勃发展，幼儿教育、小学教育、中学教育、成人教育均走在全县的前列。

崇文的独流

■ 吴蓬莱

　　岁月给独流留下诸多史话，不只有吟诵老醋飘香的竹枝词、演唱编蒲劳作的"碌碡会"，不只有"倚槛经鱼市，沿村认酒旗"，诗人笔下的市廛景象。塑造古镇文化性格，还有沿河的浅和铺，独流浅、独流铺，以此可论南北交通的漕运；宋代双军寨，独流北砦、独流东砦，以此可说兵勇之武；至于文，士人祈运、乡民崇尚，当年曾建楼阁，以为崇文的寄托——清代《静海县志》记，"独流镇河东有文昌阁一座"。

　　文昌本为四川梓潼神，因唐玄宗入蜀而益发彰显，后与《史记》所载文昌六星崇拜合而为一，宋元时代已成为读书人普遍崇信"赏功进士"的神灵，奉为文昌帝君。古时静海，人们看重崇文风气，将"家诗书，户弦诵"描绘为理想图景，县城建了文昌祠、文昌阁。

　　县城建了，独流人希望自己的镇子上也能建阁，礼奉文昌帝君。这愿望在乾隆五年（1740）得以实现。从全县的角度看，这也称得上是件大事，同治年间的县志记载，独流文昌阁"李经介施地六亩五分，李学诗劝捐创建"。可见建阁工程是民间立项，民间筹款，乡里乡亲们运作的。

独流文昌阁历经多次修建。道光十年（1830），乡人阎联奎曾为之。阎联奎曾为监生。他热心公益，做过许多扶危济困的事。咸丰三年（1853）文昌阁毁于战火。七年后重修，策划操办者三人，其中秀才李荫培的身份最特殊，他是当年创建者李学诗的五世孙。从始建到此时，几代人的守望，跨越了整整两个花甲子。曾经捐修独流文昌阁的，还有王灼。其司职卫千总，这是掌管漕粮搬运的从六品武职。县里为其请赏，"恩赐五品职衔"。

文昌阁立于蓝天下，对崇文风气是一种弘扬。"文人士子约日结社聚集，论文饮酒，谓之文社，虔祀文昌，祈科第也。"文昌阁成为读书人的精神家园，拜神祈愿求慰藉，学子们聚到一起，也会有学问切磋，把盏言欢。

崇文风尚的落地扎根，让想念书的孩子有学上，是见证。富贵之家有钱聘西席。贫苦人家呢，束脩也拿不出，孩子何以求学？就有义塾，或谓义学。清雍正五年（1727），独流镇建了养源义塾。这座义学同治年间重修，当时县志记义塾，仅一条："义学在独流镇。"养源义塾为全县带了头，至光绪二十年（1894），静海县共办义学十九处。其中独流三处，一是养源塾旧址上的一善义塾，二是元善义塾，三是福善义塾，为民间捐建。后来，在镇里二道街元善义塾旧址，建了县立第二高初两级小学校。再后来，文昌阁旧址也建了学校。

县志称赞独流文昌阁，"邑中科名，独流鼎盛，诸士崇敬斯文之报"。那回报，还在于崇文成风尚。这风尚，该已融入古镇的文化基因。

独流的文昌阁

■ 祝志俊

独流运河东岸有文昌阁。清乾隆五年（1740）李经介施地六亩五分，李学诗劝捐创建。至咸丰三年（1853）十月底到咸丰四年（1854）二月初，毁于战火。咸丰十年（1860）李学诗五世孙庠生荫塘与贡生侯毓刚、封职朱衍绪重修，规制如初。

独流镇清末已有居民三千余户。1910年建商会，有21个行业99家店铺加入。以其行业广杂、漕运南北，出现了信仰的多元：镇内有尼姑庵、观音堂、大佛寺、清真寺等十余座庙宇，每逢庙会，庆典甚隆。久驻独流的某军长官方振武，鉴于"坛庙臻备、惟缺文昌"，遂于1932年倡议造文昌阁，阁呈尖顶。1938年有术士称其尖顶有碍风水，应为庙宇式样，以与下两层和谐一致。众信此说，遂推张玉成主持改修。

张玉成，字秀山（1885—1969），致和堂米面庄东家、商会会长，素有人望。1937年8月23日，日军侵抵独流火车站，想开炮轰镇，张冒险往劝，使镇民免遭罹难。为修阁事，自捐时币3700元，复得绅商捐资，修葺一新。

独流文昌阁（祝志俊绘）

阁前曾建专为焚烧字纸的小亭。方振武题联：中外咸钦道德精神永不朽；山河已改国民革命告成功（联中"民"字，一说为"军"）。联冠"中山"二字，故名"中山亭"。每当私塾、学堂开学，师生必手擎书有"敬惜字纸"的黄色小旗，毕恭毕敬地前来拜阁，平时镇内字纸亦到此焚烧，以示珍惜。

1956年在此建立独流中学，当时亭已无存，孤阁高耸，阁下杂草丛生，深坑荒冢交错。外设三角形土围，大段坍塌，围下堑壕多已夷平，三个角端耸立圆形岗楼，下通暗道，互为掎角。这是十年前驻扎在镇内北当铺的河北省保安第二团在此练兵的遗迹。

阁的正方形台座，高2米有余，边长20米，方砖墁面，汉白玉条石镶边。台上筑阁，砖木结构，明三暗九之格局。西向、三层，由下至上逐层缩小，总高23米，层层飞檐外展，灰瓦覆盖，各层檐下四角悬挂响铜铸造的惊鸟铃，迎风鸣奏，清脆悦耳。为便于登临远眺，每层四周都有走廊环绕。

拾级入阁，汉白玉石阶已残，红松门料，上镶条格下装实板之造型。阁的二、三两层，西向门窗全脱，南北山墙各层对称八角形窗，工巧精致。

朱漆大柱与雕梁画栋色泽虽褪，但昔日的"飞阁流丹"之势，依稀可辨。

1959年，校长杨锡五拟改该阁为图书室，因山墙外张，修缮拮据，8月，经县批准拆除。

镇人对阁情愫悠深：因其巍峨雄立，游子探省，遥见该阁，温暖之情顿会油然而生！2000年4月，首届百名师生四十年久别重聚，犹自言必修阁！著名书画家、原该校教师刘福柱先生题诗，更是充满念恋之情：

文昌阁下荒草丛，校舍重抹几点红。

无华不掩名声赫，独中学子尽精英。

黉舍巨变，令人瞠目；故阁已杳，口碑长存。

独流文昌阁的记忆

■ 张秀红

　　我嫁到独流后，就听邻居老人讲，说过去在独流镇运河东岸曾经有一座文昌阁。是清朝乾隆五年（1740）由独流镇人李经介捐地六亩五分，李学诗动员本地居民捐款兴建的。咸丰三年（1853）十月底到四年（1854）二月初，太平军北伐，文昌阁在战火中被毁。咸丰十年（1860）李学诗五世孙李荫塘与侯毓刚、朱衍绪等捐资重新修建。

　　据老人们讲，清末时期，独流镇就有3000多户居民了。由于人们来自不同地区，生活习惯和信仰有所不同。于是，镇内先后有了观音堂、大佛寺、清真寺、土地奶奶庙、李爷庙、火神庙、药王庙、龙王庙、玄帝庙、钟姑祠等十几座庙宇。寺庙都有各自不同时间不同内容的庙会，每逢庆典也都非常隆重。1932年，驻扎独流的国民革命军第四军军长方振武见独流各种寺庙都有，唯独没有文昌阁，便召集富绅开会，倡议建造文昌阁，建成后的文昌阁本来有一个尖顶，但后来没有了。据说是有一位风水先生说文昌阁尖顶有碍整个独流镇风水，应建成庙宇式样，也可与下层和谐一致，人们非常信服风水先生的说法。于是，1938年，进行了改修，就把尖顶改掉了。文昌阁台座呈正方形，方砖墁面，汉白玉条石镶边。台上筑阁，砖木结构，明三暗九的格局。西向、三层，由下至上逐层缩小，总高23米，层层飞檐外展，灰瓦覆盖，各层檐下四角悬挂响铜铸造的惊鸟铃，迎风鸣奏，清脆悦耳。为便于登临远眺，每层四周都有走廊环绕。后来，在四周增加20根擎托外展檐檩的立柱，使首层走廊加宽，飞檐增大，又使整体坚实稳重，肃穆端庄，但从四面看，都只是6根立柱。三个角端耸立着圆形岗楼，下通暗道，互为掎角，是曾经驻扎在独流镇内北当铺的河北省保安第二团的练兵场所。文昌阁两侧各有3米多高石碑一通，龟趺座，稳重刚劲；碑首镂雕二龙戏珠；碑身周边有纹饰，但历经风雨剥蚀，碑铭已经模糊，难以辨识。

1937年8月23日，侵华日军南下抵达独流火车站，架起大炮要炮轰独流镇，当时的商会会长张玉成冒险前往劝阻，使独流镇百姓免遭罹难。后来，张玉成带头捐款，又得到一些富户绅商捐资，使独流文昌阁修葺一新，成为独流镇的一景，名为"飞阁流丹"。

文昌阁的前面曾建有一个专门焚烧字纸的小亭。方振武将军特意题写了对联：中外咸钦道德精神永不朽；山河已改国民革命告成功。联冠中山二字，因此取名叫"中山亭"。每当私塾、学堂开学的时候，师生们举着写有"敬惜字纸"的黄色小旗，毕恭毕敬地前来拜阁，平时镇内各家各户把带字的废纸也送到文昌阁焚烧，以表示对纸张的珍惜。

后来，因为年久失修，外面三角形的土围大段坍塌，围下堑壕也被夷平。1956年在文昌阁原址建立独流中学，当时中山亭早已无存，只剩文昌阁耸立在杂草丛生的废墟上。1959年，因山墙外倾，无钱修缮，经上级批准后拆除。

独流文昌阁从此消失在了人们的记忆中。

短棹吴歌杂楚歌

■ 缪志明

　　我国古代诗人，常以诗歌来纪咏其所临之地，而此类纪咏之作，常会在细节中刻留下该地的某些风物特征，因此，这类诗歌已成为今人考察某一地区历史原貌的珍贵化石。

　　独流作为旧时河运通道上较重要的歇息之处，史上自不乏骚人雅士停驻其舟，其中一些情动于衷者亦自会为之发为讴吟，这些讴吟无疑可看作是独流历史文化遗产的重要组成部分。

　　那么，早年都有哪些诗人曾在独流停留过并曾将其所见所感形诸吟咏呢？笔者囿于见闻，知之并不甚多，只于旧书帙中陆续检得一些，其中问世较早的，是明代倪敬所作《过独流》一诗。该倪氏字汝敬，江苏无锡人，《明史》有其传。他是正统十三年（1448）进士，该五言律诗殆即作于此之前后，诗曰：

　　独流清晓发，高下乱帆樯。潮入双塘浅，风高孤树忙。荒祠烟火断，远戍角声长。男女勤生计，芦帘缉荒凉。

　　诗之首两句表明，其时循河而行的人们，确实多将独流当作其栖宿之地，晚间那里会集聚很多泊靠的船只。当潮涨河满之际，其旁的池塘便会略显其浅（"双塘"当为实有）。而大风吹刮间，河畔之树则会狂摇不止。从颔联"远戍"之句可知，彼时那一带还曾驻有戍守之兵。而尾联"男女"句则真实道出，作者侵晨而行时，曾亲见不少当地百姓都在为生计而辛勤劳作。

稍晚于倪敬，还有一位由南而至的明代进士，亦曾停舟于独流，并在其地留宿一晚，当晚即赋下一诗，题为《夜宿独流》。此进士名叫张宁（字靖之，号方洲），浙江海盐人，著有《方洲集》。其考中进士，乃在景泰五年（1454）。《明史》谓其诗书画兼善，在朝敢于直谏，任汀州知府时能够"善政具举"。他这首为七言律诗：

霁月中天见绛河，黄流满地漾金波。荒坡野火兼渔火，短棹吴歌杂楚歌。去雁已连家信远，闲鸥岂识客愁多。江南二月花如锦，枉负归期奈尔何。

"霁月"即明月，"绛河"即银河。此诗首联显示，作者是在一个月明星亮的夜晚休憩于独流的，其时满河满地所闪耀的，竟然不是银光，而是一片金色，此真不免令人有些惊异。这种无处不在的星月之光，再加上荒坡间野火和河流中渔火点点而烁，真使那一夜的独流呈现出一种特殊的意境之美。

其实，该诗最重要部分，乃在"短棹吴歌杂楚歌"之句。其透示出这样一种史实：当时往来于此间的船只，其抄桨者与乘行者，不少都为吴楚之士。笔者不由联想起元代诗人傅若金《直沽口》中"兵民杂居久，一半解吴歌"之咏，两相参读便可明悉，随着联翩的北来之船，吴楚文化已逐渐渗浸于此一北方区域。

至于颔、尾两联所流露的那种难抑乡愁，想来多为客游者所难免。

古树荒烟过独流

■ 缪志明

　　清人咏独流的诗作，笔者所得寓目并且年代较早者，为康熙间查慎行的《晚泊独流》。查氏为浙江海宁人，是武侠小说作家金庸之先祖，他是康熙四十二年（1703）进士、"清初六家"之一，有《敬业堂集》行世，其时诗坛领袖王士禛对其曾有"当与古人争胜毫厘"之誉。他的这首诗，为其暮春时节南归路上经于独流时所作，诗中这样写道：

　　关城春向尽，小艇下津门。

　　风止桥形直，潮来水气浑。

　　蒲鱼喧晚市，樱笋忆乡园。

　　归路三千外，从人屈指论。

　　此诗言及南运河的晚潮现象。"水气浑"三字，揭出其时南运河的一大特征，那就是河水浑黄，元人揭傒斯《杨柳青谣》中"杨柳清清河水黄"，所咏便为此状。"蒲鱼喧晚市"一句则告示人们，彼时的独流，傍晚时分会有一个颇为繁闹的鱼市。

乾隆前期，天津诗人金玉冈（1711—1773）也作过一首《过独流》。金氏是一位不乐仕进的散淡之士，曾恃其善画之艺，游万里而不持一钱，其诗曾得梅成栋"如冰壶玉碗，不着尘氛"之颂，有《黄竹山房诗钞》传于今。这首诗属对颇为工稳：

偃仰篷窗下，轻帆一叶飞。

波随沙曲曲，风送柳依依。

倚槛经鱼市，沿村认酒旗。

他时蓑笠便，来此坐渔矶。

作者并未登岸，而是身倚船篷而漫观独流之景。他看到，此地河水平曲，杨柳旖旎，既有喧繁鱼市，又有飘香酒家，于是很希望日后能有机会前来是处一垂其纶。

天津水西庄宾客厉鹗（1692—1752），北来时亦曾有过《独流口》之咏。厉氏是浙江钱塘人，乃浙西词派中坚之士，此诗载其《樊榭山房续集》，为七言绝句：

军容无复泛龙舟，古树荒烟过独流。

若使镇州存佛乳，关南谁遣作边头。

"独流口"，为此地北宋时之称。首句原有注："周世宗北征，下三关，由此沂流而西，事见《通鉴》。"作者途经独流，猛然忆起《资治通鉴》中关于周世宗显德六年（959）征契丹乘龙舟至此之记，爰将其事吟为诗之首句（末两句为今正定县事，与独流基本无涉）。

到了清代中期，广东高要人冯誉骢（字叔良，号铁华）路经独流，亦曾发过类似的思古之幽情。这位道光二十四年（1844）中举、曾任金华知府、有《钝斋诗钞》传世的诗人，在其《过独流昔官军破贼处》诗中这样咏道：

纵目平芜阔，居然古战场。

寒沙沉剑戟，废垒下牛羊。

日落墟烟寂，天空秋水长。

乱余几人在，应与计耕桑。

旧时的刀剑，已沉埋于河沙之下，往日的战垒，如今任凭牛羊上下徜徉。日落烟寂、天空水长之中谁能料到，此一平芜辽阔的耕桑之地，当年还曾是两军相互厮杀的古战场，想到此，作者焉得不大为感喟，遂为此吊古之作。

古诗中的独流

■ 胡　毅

　　作为千年古镇的独流，历史上曾有不少文人墨客从这里经过，在这里驻足，远眺近观、徘徊徜徉中，他们为古镇的风姿所感动，便有不少人写诗作赋，长歌短叹中抒写着自己的印象和感触。如今重新品读这些诗作，古镇风姿恍如镜花水月，虽遥不可及，却历历在目。

　　古人进独流，多数人第一眼看到的就是码头。南运河、子牙河、大清河在这里交汇，使这里形成了天然的内陆深水港，宽阔的水面使这里可以容得下千百艘船只停泊。樯桅毗连，波起波伏，入港和出港的船儿首尾相连，络绎不绝；装船和卸船的工人穿梭往来，脚步如飞，"哼唷、嗨哟"的助力之声，此起彼伏，不绝于耳。放眼码头，一派繁忙。难怪明朝进士倪敬第一眼看见独流，便由衷地长吟："独流清晓发，高下乱帆樯。"岂止水面上和码头上，就连头顶上也是"风高孤树忙"，看着水中的船、岸上的人，那独立的大树也不愿意偷闲了，所有的枝枝叶叶都在风中繁忙地摇摆着，仿佛要给繁忙的人们添几分助力。

　　诗人的目光不会只停留在码头上，夜幕降临，另一幅别致的画面跳入诗人的眼帘，伴着这幅画面，还有悠悠的歌声传来。"荒坡野火兼渔火，短棹吴歌杂楚歌。"这是明朝另一位进士张宁留下的诗句。野火在岸上，渔火在水里，那是码头上的人和渔船里的人遥遥相望的视觉焦点，它们相映成趣，点缀着独流水乡的夜色。桨橹拍水，渔歌互答，又为这北方的水乡增添了音律的韵致。然而那渔歌分明来自遥远的江南吴楚，这怎能不惹起那位家在浙江的老进士的乡愁呢？"去雁已连家信远，闲鸥岂识客愁多。"老进士这一声长叹，与唐代张继那句"月落乌啼霜满天，江枫渔火对愁眠"简直有着异曲同工之妙。

独流也不是处处繁忙得透不过气来，水乡自有水乡的悠闲。伴着秋日的夕阳，清朝进士高恒懋驾一叶扁舟，"芦花深处难回棹，一叶随风溯水流"，直向"月满苍苍"的深处而去。"花光水色"中，短棹拨水，莲舟轻移，忽而惊起浅滩中嬉戏的水鸟，那情形简直就是李清照"误入藕花深处"的翻版。眼前既有这般"波随沙曲曲，风送柳依依"的闲淡雅致，又有那"倚槛经鱼市，沿村认酒旗"的古朴乡情，难怪清代浙江才子金玉冈会在此许下"他时襄笠便，来此坐渔矶"的心愿。

然而，独流毕竟在北方，江南水乡的秀美风姿，终究不能完全遮掩它与生俱来的旷达，尤其那深刻于年轮之中的沙场点兵的战阵和金戈铁马的呐喊，更为这旷达增添了几分岁月的沧桑。如何不让倪敬在诗中苍凉地诉说着"荒祠烟火断，远戍角声长"？

读着古人的诗章，闭目掩卷，你的心是不是留在了这座古镇的时空深处？

汉学家笔下的独流

■ 方 博

阿列克谢耶夫（1881—1951），也译作阿理克，苏联科学院院士，著名汉学家。1945年，郭沫若访苏期间，二人相识。因为阿列克谢耶夫有着深厚的国学功底，郭沫若尊称其为"阿翰林"。

1907年，阿列克谢耶夫与其老师法国汉学家沙畹一起，雇中国随从，组成考察团，历时5个月，对中国内地5个省份进行了文化考察。其后，阿列克谢耶夫根据考察日记整理成《1907年中国纪行》一书，完整记录了考察的全过程。

此行中，阿列克谢耶夫的一项主要工作就是搜集中国传统木版年画。他们的考察以北京为起点，1907年5月30日乘火车到达天津。随后换乘木船，沿大运河南下，第一站便是年画之乡杨柳青。这里琳琅满目的民间年画让这些外国人惊叹不已。

过杨柳青后，在5月31日的日记中，阿列克谢耶夫这样写道："我们来到了杜刘村。这是很典型的村名。'杜'和'刘'是两个姓氏，也就是说，这里居住着两个家族。"《1907年中国纪行》中文版译者阎国栋教授在书中注释："疑为现位于天津静海县的独流镇。"对此说，笔者也颇为赞同。以大运河沿途村镇而论，除"独流"外，再无近似发音的地名。因此，阿列克谢耶夫所说的"杜刘村"应是"独流"无疑。而"独流"一名，所见记载，均为因大清河、子牙河、南运河在此地汇成一流，故名独流。而阿列克谢耶夫却说是由"杜""刘"两姓氏而生，这其中原委，不知是其道听途说，还是凭空想象的。

在独流段的运河上，邻船的一位老太太与这两位外国人攀谈起来，好奇地问这问那。老太太13岁的小孙女也从船舱中探出头来。对于这一番交流，阿列克谢耶夫记述道："老太太介绍说：'现在我们这里风俗开通了，女人不怕见男人了，还可以跟他们说话，与你们外国一样了！'原来，她的孙女在天津日本人开的一所学校学习。"阿列克谢耶夫出于对中国传统民谣的兴趣，就邀请小孙女唱儿歌，"她有些腼腆，不愿意唱，后来给我们唱了一首经过改编的中学生的爱国歌曲"。

《1907年中国纪行》中关于独流的文字虽不算多，但从对祖孙二人的描摹，不难看出此地质朴、开放的民风和重视教育的传统，为后世留下了清末民初独流镇民俗民风的生动记录。

独流民歌和民间花会

■ 王敬模

每年春节期间，华北地区的广大农村乡镇就要上演一些民间花会，其中有一出名叫《碌碡会》。1986 年，笔者参加编撰《中国民族民间舞蹈集成》，这期间得知，天津乃至华北地区民间流行的《碌碡会》，均源于静海独流镇。

旧社会时，位于静海东淀边缘的独流镇一带盛产苇蒲，妇女们多靠织席、编蒲包、编草鞋为生。每过五日，她们便把这些苇蒲编织品拿到集市上来卖以养家口。关于独流镇的苇蒲制品市场，在清朝康熙年间进士查慎行的诗作《晚泊独流》中，就有"蒲草喧晚市"的记述。苇蒲制品的工序有多道，主要是轧苇蒲、编织成品。为了赚钱糊口，迫使这里的手工业者经常通宵达旦地劳作。妇女们在用碌碡轧苇蒲时，经常发出痛苦的吟唱，时间久了，便形成了颇具独流风格的民歌《推碌碡》。

这首民歌形成于明末清初，源于独流镇，流传于津、京、冀等地。武清称此曲为《独流小曲》，汉沽称《轧碌碡》，河北大城叫《哭五更》……虽然各个地区的歌名叫法不同，但旋律都是一样的，唱词都是唱的独流的内容。其中第一段唱道："一更鼓儿发，小奴家我十七岁在独流找了个婆家；一溜三道弯，我住在海河下，成天抱着糜子前去把它轧。"第二段歌词是："二便鼓儿催，手抱碌碡杆哭了一回又一回；双手捶胸，我真后了悔，倒叫小奴家我去埋怨谁……"这首民歌，从一更唱到五更，唱的都是独流的事情。比如，独流的位置（在海河下）、独流的生活（织蒲席）、独流的人物（老曹）。

由于这首民歌很像秧歌剧的唱词，很有动感，后来，独流的民间艺人便把它改编成民间花会，曲调用的是《独流小调》的旋律，名称改为《碌碡会》。这道花会的情节是描写一个十七岁的女孩子，嫁到了独流镇老曹家——一个以织蒲席为生的贫困农民家。丈夫是个好吃懒做的二流子，全家人的生计靠她和公公轧苇蒲织席维持。尽管日子艰难，婆婆既不参加劳动，也不体贴照顾，反而在一旁指手画脚，说三道四。儿媳妇和公公不得不整夜劳作，但织的蒲席还是不够多。

《碌碡会》以儿媳领唱，大家齐唱贯穿始末。出场的主要人物有五人：儿媳，相当于戏曲中的青衣；婆婆，相当于彩旦；公公，相当于苍头老生；丈夫，相当于文丑；小姑，相当于花旦。

《碌碡会》这道流传于华北地区的民间花会，不仅反映了旧社会底层独流人民的苦难生活，还反映了家庭中的婆媳矛盾以及封建制度下妇女的哀苦，是独流人民勤劳、智慧和艺术的结晶。

渔家绝唱舞婆娑

■ 刘国华

静海独流镇历史悠久，生产的老醋与蒲苇编织的炕席、篓篮享誉津门。津南咸水沽镇是旧时天津八大重镇之一，地处要冲，商业繁盛。过去咸水沽商家通过水陆交通往返两镇，物资交流，互通有无。不仅如此，两地的民间文化也随之相互借鉴。上世纪90年代，笔者采访咸水沽镇民间花会时，发现一道花会《渔家乐》与独流镇有着密切的关系。《渔家乐》表演的内容为打鱼、推碌碡轧蒲苇编织席篓的生活情境。人物有渔翁、渔婆、推碌碡的大姑娘等。伴奏是笙管笛琴、瓷碟锣鼓。轻歌曼舞，美不胜收。

其中，推碌碡轧蒲苇的大姑娘边舞边唱："小奴今年整十八，生在独流老曹家。终朝每日织蒲苇，俺作女儿没修下。"

笔者询问学唱的老人们，咸水沽镇的《渔家乐》里，推碌碡的怎么是独流镇的大姑娘？老人们一时也说不清楚。几经周折，笔者找到当年已经八十多岁的刘鸿儒老先生，他是当初《渔家乐》中渔婆的扮演者。刘先生取出珍藏多年的《渔家乐》手抄底本，并道出该事的来龙去脉。

想当初，有一年将近腊月，咸水沽镇的对槽船装满稻米到独流镇换买当地的土特产品。孰料寒潮来袭，冰封河面，不得行船。对槽船"窝篙"独流镇，只得用马车运回物资。在独流修船的咸水沽工人，有幸欣赏了当地的《渔家乐》花会，回沽后向花会组织述说了《渔家乐》演出的盛况。会头派花会高手李宝河等人亲赴独流镇学习借鉴《渔家乐》的表演。其内容、唱段一字未改，用业内人士的行话，"全部捋叶子"，故而咸水沽的《渔家乐》乃正宗的独流版本。

刘鸿儒先生还讲了当年《渔家乐》在咸水沽的演出情景，非常有趣。《渔家乐》正月沿街演出，在一家门口的广场前撂地耍会。这家的公公、婆婆出院门看会，只剩下儿媳妇贴饽饽做饭。儿媳妇听到锣鼓声，手托饽饽在院门缝偷看。碰巧婆婆回家，儿媳妇一紧张害怕，扬手把饽饽贴在院门之上。

出生于咸水沽的红学家周汝昌先生称《渔家乐》的演唱保持着明朝凤阳花鼓的老调。其四兄周祜昌先生也曾赋诗一首，描绘演出盛况：

故里风光此日多，鱼龙曼衍海门波。

高跷戏踩长行点，法曲仙音天际歌。

独流曹家推碌碡，渔家绝唱舞婆娑。

千村万落人空巷，漫说当门贴饽饽。

独流沼泽城的传说

■ 李治邦

在静海独流，由于有大清河、子牙河、南运河三河交汇，就产生了不少洼淀，比如贾口洼、东淀、西淀、古城洼、杨庄洼、万军套洼等。洼淀多了，自然就会鱼虾充裕。人们的口头传说就多起来，随着大码头小码头的商贾云集，也就四处传播开来。

相传，在很久以前，独流镇以西的东淀洼，原本是一片荒凉的沼泽。人烟稀少，颗粒不收。唯有洼中一块较高的地方搭着一间窝铺，住着姓马的两位兄弟。兄弟俩很勤快，每天靠打鱼摸虾糊口度日。兄弟俩在窝铺跟前一块向阳的地方种了一株菜瓜。每天打鱼回来，兄弟俩都要为瓜浇水、整蔓，不久，瓜蔓上结了两个又白又大的瓜。说也奇怪，这瓜春夏秋冬，长年不衰，兄弟俩十分喜爱，谁也舍不得摘下来吃。某一年的春天，太阳毒毒的，没有下一滴雨水。东淀开始闹饥荒，有个过路的老人饿得昏倒在路边，马家兄弟见到后慌忙把老人背到铺内，摘下一个瓜为老人充饥解渴。老人醒过来后，饥肠辘辘，就吃了这个瓜，然后神秘地告诉兄弟俩，在洼内有一座古城叫沼泽城，里面装满了奇珍异宝。每年春天谷雨时节，如有大雾弥漫，就会显现出这座沼泽城。你们用剩下的这个瓜当作钥匙，可以开城取宝。但你们不要太贪财，因为时间太长了，城门就会自动关闭，进去的人就再也出不来了。老人说完站起身就走，瞬间就消失得无影无踪。兄弟俩虽然知道了这个秘密，但谁也不愿意去开城取宝，因为他们不喜欢得这个不费力气的外财。

后来，这件事让一个专门"憋宝"的南方人知道了，他就要花高价买这只瓜，兄弟俩死活不卖，南蛮子就趁着深夜悄悄把瓜偷走了。兄弟俩早晨醒来，才发现那瓜不见了，让他们惊诧的是，浓雾中果然矗立着一座古城，他们就来到城边追赶那南蛮子。追到城门口，见南蛮子正用力驱赶着一头大骡子，骡子身上驮着无数的金银财宝，因为太重，骡子走不动了。这时关城门的时间到了，骡子猛然挣脱缰绳，向城内奔去。南蛮子舍不得财宝，拼命向城内追去。只听"砰"的一声巨响，城门关紧了，云雾散去，古城也随之消失了，地下只剩下几堆骡子粪。兄弟俩把骡子粪捡起来带回去，撒在了荒芜的沼泽中，只见大片的沼泽立刻变成了万亩良田。兄弟俩别提多高兴了，从此，他们就在这片土地上安居乐业，耕耘、播种、收获，沼泽城变成了东洼的宝地。

后来，一些外地人知道了这个消息，都纷纷迁来居住享受太平。老百姓为了纪念马家兄弟俩，就把当年他们搭过窝铺的地方叫"马家铺台子"。几经沧桑，土台子渐渐平了，但地名一直沿用至今。这个传说也是代代相传，成为静海民间口头文学的一个非遗项目。

独流古镇翰墨情

■ 杜明岑

2004年，为了纪念天津建卫600周年，古稀之年的我画了百米长卷《寒秋津卫图》，艺术地再现了清末民初的津沽风俗。第一卷《御河人家》，选取了天津段大运河上游的杨柳青和独流两个古镇——尤其是独流古镇，倾注了我更多的情感，因为我就是在那里出生和长大的。1934年，我生在御河之边的独流古镇，在那里度过了童年和少年的美好时光，14岁时随父举家迁至天津城，但独流却是我一生魂牵梦绕之地。

三河归一统，千年独流镇。独流因大运河而生发，因漕运而繁荣，因天时、地利、人和而兴旺，人脉、文脉自成一体而又卓然独立。独流水源丰富，土地肥沃，漕运发达，商贸繁荣，民风淳朴，是著名的"酒醋之乡""建筑之乡"。古镇文化底蕴深厚，集运河文化、码头文化、乡土文化、市井文化、庙宇文化、武术文化于一体。

独流漕运发达，从而促进了各地物资的流通。京杭大运河在天津的漕运码头最早就建在独流。那时的大运河上经常是风帆林立，百舸争流。众多船只源源不断地将南方的粮食、丝绸、竹制品、瓷器、紫砂、茶叶、水果等运至京津两地，而天津的独流醋、直沽酒、杨柳青年画等，也从独流运往南方。同时，随着内河航运的发展，清朝还成立了航业组织——船会，将从事船业的船主、船工、搬运工等组织起来，设有会长、副会长，又设"倒坝店"，负责运输。到了冬季结冰，便是船业休闲、船工繁忙之时，修船工必须在冬三月将船修好，待春暖冰化时再下水。

独流商贸繁荣，"一市三街一码头"是当时的交易市场。一街也称估衣街，百货店、鞋帽店、成衣店、饭店、烟馆、绸缎庄、文具店、扇子店、茶叶店等均在此街；二街主要是粮店、医院、当铺、学校、私塾、官府、大宅门等；三街有小杂货铺、水铺、货栈、马车店等。一市即集市，最为热闹。独流是三八大集，每逢此时人山人海，车水马龙，大剧场演出节目，河边叫卖鱼虾水果、各种小吃、儿童玩具、还有贩卖骡马牛羊鸡鸭的、打把式卖艺的、变戏法的等。各种商铺里挤满了人，许多饭馆也是座无虚席。除三八大集以外还有庙会，四村八乡的善男信女烧香、拜佛，各种花会演出节目。独流民间花会历史悠久，在十乡八村乃至天津卫闻名遐迩，有法鼓会、挎鼓会、杠会、龙亭、中幡、碌磕会、扫殿会等几十种。赶上三八大集和庙会，花会演出常常锣鼓喧天，鞭炮齐鸣，人人喜气洋洋，充满节日气氛。

独流水源丰富，河流遍布。不仅有南运河、子牙河、大清河，还有黄河古道、平虏渠、独流河，更有南泊洼（贾口洼）、东洼、莲花洼。京杭大运河除了舟船南北运输方便外，也带来了许多副产品。独流盛产鱼、虾、蟹，更盛产菱、藕、芦苇、蒲草、地梨。于是，手织席篓子、蒲篓子的行业应运而生，成为当时家家土炕上铺陈物与粮仓的必备物。

独流有几处文物古迹，文昌阁、大戏楼、天下第一坛、东公所、南公所、南当铺、北当铺等地，成为独流文化的典型符号。独流寺庙香火鼎盛，有文殊寺、大佛寺、石佛寺、玄帝庙、药王庙、关帝庙等十几座庙宇，其中最大的是娘娘庙，是十里八乡善男信女烧香拜佛的集中地。

虽然半个多世纪过去了，我的脑海里依旧浮现着独流昔日的盛景，等到 2004 年创作《寒秋津卫图》时，很自然地将独流古镇放入《御河人家》卷中。画中再现了清末民初时的独流古镇，宽阔的运河、繁忙的漕运、庙堂的紫烟、熙攘的集市……它们仿若独流历史的一个缩影，艺术地呈现在我的笔下，也像过去的故事，随着手下的笔墨——浮现。然而，我知道自己的笔墨是有限的，因为在独流大地上，有我诉不尽的乡情，画不完的场景。所以，我只能通过几个典型的画面，展现独流的风貌，并以此慰藉内心永系的几多乡愁。

演剧失火酿惨祸

■ 王勇则

1936 年，静海县独流镇发生一起特别重大的火灾事故，知者莫不震惊失色。天津地方志所载不无差池。火灾时间并非《静海县志》（1995 年版）记载的"1935 年农历二月二十三日"，亦非《天津通志·公安志》（2001 年版）所载"1936 年 3 月 21 日"，应为 1936 年 3 月 16 日（农历二月二十三日）。死亡人数也非这两种志书及《中国消防通史》《中国气象灾害大典·天津卷》所说的"128 人""180 人""170—180 人"。

此次火灾甚为惨烈，报章纷纷披露详情。已知《益世报》《申报》《世界日报》等报道较详："静海县属第五区独流镇地方，密迩津乡，水陆交通极为便利，商业繁盛，住户栉比，乃静海县之一巨镇也。""乡间旧俗，旧正二月间，乘农暇之际，有举办游艺演剧之例，借以娱乐身心。"

独流绅商十八人出资，合股经营，"觅定该镇兴隆街席市空地一段，计约二亩有奇，搭建一巨大之楼式苇席剧场，名为同乐剧园"，呈请当局核准后，礼聘天津戏班演员前来。3 月 16 日为展期义演最后之日，"各艺员多演'双出'，该镇及附近各村男女乡民，争先一睹。故于未开演之先，客座已患人满，于当晚九时，正由张凤兰出演'张保摔子'之际，突由东面后台起火。因该园四周苇席均系易于引火之物，又无消防之设备，加以当时西北风大作，风助火势。立时火光四起，不可向迩。时园中男女观客哭声震天，秩序大乱，纷纷夺门外逃"。而临时演场"背临运河，南北复有高墙隔离，一旦由入门处起火，观者遂无法逃避。延烧至十七日晨始熄"。

被难家属由悲转愤，认为展期演剧系"擅自主持，并未呈奉县长关广誉核准"，且"建搭戏棚时，设计不周，疏于防范，致酿出此次之巨大惨变"，要求严惩主其事者，并由承办人"发给死者装殓费每名一百元"。后经协商，装殓费减半，成立善后救恤会，世界红卍字会静海分会也派员救济。

此次火灾的教训极为惨痛：

风干物燥，火借风势。1936年3月中旬，天津平均相对湿度49%。15日最高温度14.3摄氏度。当月仅两个阴天，五级风速日却有四天。

因循玩忽，疏漏明显。如席棚未达防火要求、应急预案未制订、消防通道不畅等。沟通、安抚、赔偿、收殓等善后措施也难以令人满意，导致民气激昂、难以遏制。

起火缘由，不胜狐疑。"外传系因该园电表爆炸，但戏园所用者，仅系汽油灯，而非电气灯。"2002年版《静海文史资料》第6辑则载，此系戏园张姓股东纵火。"当晚，他点着一捆麻秆，扔在戏园东头席棚上面，由于西风改成东风，遂烧毁整个戏园。"其纵火动机令人生疑。

死亡人数，统计未详。时有167人、176人、180人及"焚毙二百二十一人""有百八十五具已经认领"诸说。加之"其余虽在医治中，但性命亦颇危险""尚有因伤投入河中，迄无着落者多人"等因，焚毙者应超过180人。

问责官员，制度未备。虽然县长自请处分，但并未因之及时撤惩。

独流习武溯源

■ 张秀卿

在京津两地说起通背拳、苗刀，习武之人都知道它源自独流。那么，独流习武从何时兴起的呢？据史料记载，独流民间武术有较长的历史，可上溯到明朝初年，兴盛于清朝中期。明末清初时期，独流南街的侯清太、北街的武举人张毓江便在此传授武艺。

相传独流人习武，起源于南运河东岸的杜家嘴村。杜家嘴村有位吕姓青年，因家贫给富人家看坟地，坟地周围的闲地归吕耕种。吕长年累月地不离此地。他喜好武术，早晚练练拳脚，以强身健体。一天，发现有位白须老僧站在地头观其练拳，吕见老者气度不凡，便上前施礼。老僧见这位年轻人面带忠厚，天资聪慧，且有些功底，并礼下于人，心中甚喜，遂收吕为徒，并在吕家住下。一晃数年，吕跟随老僧练武，待师如父，师傅将自己所有的技艺倾囊而授，吕日夜磨练，武功日日上进，已经臻熟。忽一日晚，不知何处来了一伙狂徒，口出狂言，要与老僧比试高低，老僧对这伙人并不认识，故言语谦虚，一再谦让，而这些人以为老僧可欺，便不由分说，一拥而上，大

126

打出手。吕见状气愤不过，欲上前相助。老僧示意他站在一旁，说看我如何收拾这伙歹人。老僧施展太祖神拳，片刻功夫，便把狂徒都打倒在地，这些人见不是老僧对手，爬起来仓皇而逃。

转天早晨，吕不见了老僧，到处寻人不见，后在桌上发现一张字条，上面写道："你已功成业就，以后就供奉达摩吧！"这位老僧姓甚名谁，来自何方，去向何处，吕始终不解真相，后人便把吕称为"吕二爷"，并把他的功夫说成是"神传"。后有许多人猜测，这"老僧"可能是反清的明朝军界人物。又有一种说法，"老僧"是天地会的人，因被追杀落脚吕二爷处。为答相助之恩，他把自己的武艺传授给吕。当然，这都是民间传说，今已无法考证，但可以确定，"吕二爷"是清初之人。

据《独流镇志》记载，独流武术以太祖拳为主。此拳相传始于五代，由宋太祖赵匡胤所创。因为在宋朝初年，独流建有两个军寨，与辽对峙，此拳法便在独流有传播。后在清朝嘉庆年间，有一僧一道云游天下，行至独流镇后，发现李登弟、李登善、杨学士几位少年聪颖体健，遂收为徒，传授武功，使太祖拳在独流生根。

据介绍，太祖拳讲究实战，不搞花拳绣腿。攻防格斗，起如风，击如电，前手锁，后手追，两手互换一气催。基本功主要是"三型""五攻"。"三型"为头、手、步；"五攻"为臂、腿、腰、桩、气。该拳法的特点是：造诣纯正，套路严谨，动作舒展，招式鲜明，步法灵活，不拘陈迹，刚柔相济，虚实并兼，行拳过步，长打短靠，爆发力强。

太祖拳传到独流后，在继承的基础上得以发展，正宗的太祖拳俗名"双提腿太祖拳"，独流人的这套拳中又衍化出"单提腿太祖拳""古树盘根太祖拳"。太祖拳的主式分为16字诀：蹭、崩、提、挂、劈、斩、拦、横、卡、抱、冲、拽、撩、滑、肘、挑。每字又分若干式，如蹭有顺步蹭、拗步蹭、跳步蹭、转向蹭等。其他各字亦然。各式又可互换互连，构成各种不同的套路。拳技中又加入通臂功，故武林界又称太祖拳为"通臂拳"或"通臂合一门"。

独流习武常用兵器有：单刀、宝剑、子龙枪、岳飞枪、八卦双刀、黄门刀、春秋刀、杨林棒、行者棒、三节棍、七节鞭、双短棍、护手双钩、屹轮拐，拦门撅、阴手栓、齐眉棍、大杆子（丈二）、方天画戟、群兰剑、群枪拐等，特殊兵器则有苗刀。

　　1985年，全国武术挖掘整理期间，有关方面把苗刀定为重点抢救内容，誉为"静海（独流）特产"，武林绝活。如今的独流通背拳已是天津市非物质文化遗产。

尚武之风说独流

■ 方　博

　　燕赵之地，多慷慨悲歌之士。侠肝义胆，侠义为先。独流作为漕运重镇，水陆码头，舟车往来，人烟辐辏，也曾风云际会，繁盛一时。所谓，有人之地，必有江湖。码头所在，脚行林立，你争我夺间，有一招半式，防身自卫，可保平安。这就催生了独流的尚武之风。清代以降，这里更是习武之风日盛，高手如林，名家辈出。

　　1934年刊印的《静海县志》中，武术一节记载静海武林豪杰十人。开篇第一，即为津门大侠霍元甲。而此十人中，独流一镇竟有五人之多。独流尚武风气，便可管中窥豹。其中所记：有"以通臂拳著名"的李登善；"以斩拳著名"的杨学士；"以家传点血著名"的冯连科；"以二十四式拳著名"的吕汉举；以及"以技击驰名津、保间……从游者甚众"的任向荣。由此足见各路武艺在独流的百家争鸣之势。

　　在独流武术中，最具代表性的当数独流通臂拳，又称太祖拳。此拳法取太祖长拳与通臂拳之长，融会贯通，结合而成。其特点是"太祖拳，通臂力"，"明太祖，暗通臂"。据传，此武艺可追溯至宋太祖，故称"太祖门"。传全独流,是源于清中期无名云游僧之手。后经民国年间李登善、李登第兄弟,及杨学士等人勤学苦练,名声渐盛。其后,又有弟子任向荣、刘玉春、张景元继承,日益发扬光大。

其中最著名者,当数任向荣。其师从李登善、李登第兄弟,又受杨学士指点,因此,在独流当地有"三老传一贤"之说。有师傅点拨,加之自身刻苦,任向荣武艺精进异常。他并不满于此,遍访名师,结交高人,切磋技艺,以武会友。因此,民国《静海县志》中称其"性和蔼……皆以敬让相尚焉"。当时,静海县城王永清有"大杆子"绝技,非常了得。但此人对自家武功秘不外传。然而,精诚所至,金石为开,在任向荣的再三求教下,王永清将"大杆子"倾囊相授。此后,他又习得苗刀绝艺。这些都为独流通臂拳增添了更多的招式与内涵。

民国时,直隶督军曹锟仰慕任向荣之名,派人专程请任氏赴保定督军署,任武术营教习,传教武艺。此后,曹锟贿选总统,迁入北京城,任向荣也随之入京。由此,任向荣在京、津、保一带颇有名望。同时,其授徒众多。得意门生中,如大弟子刘树年,于1926年在静海县城内成立"静海国术馆",以"发扬国术,健身强国"为宗旨,招收青年习武学艺。

独流镇百余年的武术传承,是这里质朴民风的真实写照。如今,独流通臂拳更是成为天津市非物质文化遗产,得到重视与保护。

独流苗刀

■ 杨祥全

　　清末至民国年间，双手刀法主要通过镖师、游方僧人、军人等流动性很强的武术家传播。在传播过程中，双手刀法逐渐与太祖门独流通背拳、通臂劈挂拳、心意六合拳等传统武术流派相融合而形成了各具特色的"苗刀"技艺。

　　1891年，天津静海太祖门独流通背拳大师任向荣（以攒箅、押镖为业）、刘玉春（玩过船，保过镖）以太祖门独流通背拳中的单提腿与河北桑园的谢玉堂换艺学得苗刀。两人回到静海后，潜心研究，将原八趟苗刀套路融入太祖门独流通背拳的风格特点，衍化出"后八趟"。后来，任向荣又将十六趟苗刀精简为十二趟，传承至今。

　　"太祖换苗刀"后，任向荣曾花六十块银元，请安徽蚌埠锻刀高手仿制了一把谢家苗刀，幸运的是这把苗刀至今仍在。该刀全长153厘米（刀身长113厘米，刀柄长40厘米），重约2公斤。独流苗刀是典型的剑形刀，其中间没有"血槽"，而是剑脊，刀头26厘米处开始双侧开刃，刀尖2厘米又向中间收拢成剑尖形。

任向荣传留的苗刀（全长 153 厘米）

任向荣、刘玉春并没有保守，而是将苗刀在上海、保定以及天津市内逐渐推广开来。

清末，刘玉春之徒李金富来到宜兴埠，在当地大户温家的帮助下传授独流通背拳技艺。受妈祖文化的影响，天津的体育花会组织特别多，宜兴埠亦成立了永新少林会，组织内传承独流苗刀。

民国初年，军阀纷争，刘玉春弟子任鹤山（老大）、任秀峰（老五）为了生计南下谋生，并很快在上海站稳脚跟。任鹤山还与"沧州二杰"佟忠义（任向荣弟子）、王子平结拜为兄弟。1926 年前后，刘玉春的孙子刘景云也来到上海。可以说，此时的上海已成为独流苗刀的一个重要传承地。任鹤山、任秀峰弟子鲍关元、孙云鹤、顾宏森以及再传弟子潘锦生、吴茂贵、杨善耕等，均为独流苗刀的发展默默做着贡献。

上海之外，民国时期独流苗刀的另一重要传承阵地是河北保定。1916 年 9 月，曹锟升任直隶督军，由重庆调至保定。来到保定后，曹锟韬光养晦，整军备战。马明达在《历史上中、日、朝剑刀武艺交流考》中称："民国十年前后，曹锟在保定练兵，为炫耀所谓'尚武精神'，特在军中设'武术营'。"就在这时，在曹锟部将、独流人刘干臣的引荐下，任向荣、刘玉春被邀至保定，在军中教授刀法。关于双手刀被改称"苗刀"的时间，马凤图先生认为"应该就在曹锟设置苗刀营时期"。

在天津，除任向荣、刘玉春继续教授弟子外，刘景云艺成后，曾在天津城内教王子坤、沈德祥、庄连芳、庄连印等习武。王子坤后教下了张玉海。2000 年，张玉海又收静海王口镇北万营村人陈树祯为徒，将自己所学合一通背拳及独流苗刀传回静海。另外，任秀峰 1949 年从沪返津后亦在天津教通背及苗刀，其子任俊华能传其学。

工商重镇

宣统二年设立独流镇商会

■ 周利成

宣统元年（1909）十月，清政府农工商部饬令全国各地"应在三年内将商务总会依期设立齐全，各处除设总会外，所有各该省地方或省会适中之地或通商巨埠商业繁盛之区，亦应设立商务分会"。静海县遂传谕该县绅商，劝办设立商务分会。宣统二年（1910）正月，独流镇职商王桂荣、李钟秀、王炬荧、刘恩铭、夏如春、张恩多、刘逢源、贾祥荣等为设立分会一事，联名呈文县政府。

呈文称，职商等躬列商界，目击商艰，亟思补救之方针，始有合群之思想。兹拟在本镇设立商务分会，以期联络而资振兴。所需一切经费应由各商自行认筹，并不勒派。当即遵章公举熟悉商情、素孚众望者任总理。旋经各行商公举乾合顺酒行经理、候选通判朱尔濂先生为总理，至于会董各员亦经各行商举定，其才地资望均属合格，各无异言。禀请县政府移请天津商务总会，详请商部立案，以便遵行。

随呈文还附上独流镇各商号清册和《独流镇商会分会便宜章程册》24条。《章程》规定："无论何项商业，凡属静海境内，允认常年会费者，均得入会，如有外客久住该处，贸易亦应保护，惟必须由该商公举商董入会，以便遵章一体优待；家商遇有觳觫，一经来会声明，应由总理等定期邀集各董秉公理处，从众公断，两造倘有不服，准其就近具禀地方官核办，或咨由总会具禀商部核办；本分会总理有保商振商之责，商务利弊所在，本分会均应调查，凡柴米油豆等物，为商民日用所必需，如有奸商无故高抬市价，垄断居奇，希图渔利，以及牙行把持市面，额外需索留难，以致外客裹足不前，百货因而腾贵，准本分会传集伊等，导以公理，或由各会董会议，按照市情决议平价，如仍阳奉阴违，不自悛改，应由本分会具禀地方官，援例惩治，以警其余。"

静海县政府复函称，以该绅商等热心公益，殊堪嘉许。唯商会以振兴商务、保卫商业为宗旨，如遇铺商亏欠、倒闭，应责成该商董等秉公清理，以维市廛。该镇共有大小行户及各铺若干，每行每铺各有几家，应于行铺中各公举公正殷实一人为首，联名具禀，互相环保。

嗣后，王桂荣、李钟秀等商随即邀集镇内各行商共同妥议，时该镇居民不下数千户，其中大小行铺不下千余家。各行商随即推举公正殷实者为各行商董，其每行家数少者仅举一人，数多者则举数人。凡已入会者，均情甘具结互保。

宣统二年三月初十，农工商部核准并颁发了独流镇商务分会图记，二十日，该分会开始启用图记。该分会为静海县建立最早的商会，首任会长朱尔濂，年43岁，独流镇人，乾合顺酒行经理，营业多年，熟悉商情，公正果毅，素孚众望。文成泰布行经理张俊臣、聚成划行经理张日贤、三瑞堂酒行经理孙鸿文、瑞德隆醋酱坊经理韩金铎，以及酒行执事张忠贤、土行执事王炬荧、粮行执事朱凤彤、干鲜杂货行执事刘树芬、醋酱坊执事王兆庆、油行执事贾作霖等分任分会董事和各行商董。

关于独流商会

■ 小 雨

　　明朝时，独流已形成重要集镇，规模商贸交易日趋繁荣。自清朝咸丰十年（1860）天津开埠后，内河航运逐渐代替了漕运，处于南运、大清、子牙三河交汇的独流镇，便成为华北腹地与天津之间物资交流的主要转运地。随着水路运输的兴旺，也带来了独流商业的繁盛。清朝宣统三年（1911）津浦铁路通车，并在独流设立火车站。随着陆路交通中客运、货运的开通，独流的商贸业更趋活跃。据有关资料记载，清朝同治、光绪年间，独流有商号115家；到清朝末年，大小店铺增加到1000余家，并成为冀中地区的主要粮食集散地。

　　清朝末年，独流作为水旱码头，虽非城埠，而士庶殷繁，商贾辐辏，店铺林立，素称富庶，为静海县首镇。受各地商会继起的影响，宣统元年（1909），独流商户王桂荣、李钟秀、王炬荧、刘恩铭、夏如春、张恩多、刘逢源、贾祥荣联名具禀请求设立商会，以期联络信息，振兴工商业。宣统二年三月二十日，独流商务会（简称独流镇商会）经批复正式建立，隶属于天津商务总会，是为静海县商会组织之始,全镇有99家店铺入会,涉及21行。入会行业为:酒行、布行、杂行、醋酱行、土行、粮食行、木行、干鲜杂货行、油行、蒲苇席行、煤炭行、烟土行、锡器行、茶食行、糖稀行、蒲包行、过货行、烟叶行、羊肉行、猪肉行,共99家店铺。商会以振兴工商业,维护经营者利益为宗旨,使全镇工商业纳入统一管理的轨道。1915年,该商会改为静海县商会,会址在独流镇头道街鱼市,统辖全县工商业,而独流工商业仍居全县举足轻重地位。当时,独流商业门类广泛,未入商会的行业还有:首饰行、盐行、鞋帽行、成衣行、药材行、洗染行、糕点行、广货行、估衣行、旅馆行、酒馆行、鲜鱼水菜行、杠房花轿行、理发行、浴池行、照相行等。

独流商会建立后,公推原清末候选通判朱尔濂为总理,推选出会董4人。嗣后,各行铺又推选出行董25人。建会宗旨为:振兴商业、保卫商业。商会经费由各商户自行认筹,入会者具结互保,如遇铺商亏欠倒闭,责成商董秉公清理。首任会长张德一,副会长武梦占。商会的职责是:负责静海地区的工商事务管理(当时静海县没有商会组织),完成上司交办的事务和独流镇的修堤、打坝工程的民工组织、款项摊派,各项税款征收,地方自卫及民间各项杂务的处理。

1913年,入会商号已达120家,议事人员增到18人。是年开会24次,议事10件,收取会费410银元,支出506银元。同时积极响应中华全国商会联合会的号召,在独流戏园旧址举行演说会,宣传救国储金的意义,并建起独流储金分团,为拯救中国出力。

1915年11月,独流镇商会奉令改组为静海县商会,会址仍设在独流镇。静海县商会成立后,选出新会长杨甲春、副会长孙洪文及会董30人,会员发展到128人。年内开会24次,议事24件,收取会费363银元,支出534银元。

1922年,独流镇内又建起独流镇商会。至此,县内存有静海县商会和独流镇商会两个商会组织。是时,县商会会长为朱尔濂,副会长为刘联珠。

1931年7月4日,天津《益世报》刊载文章称:"静海北区独流镇，位于运河、子牙河、大清河三河中间，濒临津浦路，密迩天津，为本县第一重镇，水路交通，均称便利。人口众多，商业繁盛。该镇出产干醋、干酒、老醋、酱油、粗器、国布、蒲包、蒲席、苇篓、苇席、苘麻（又称青麻）、苇草、蒲棒、灰煤、炭咋、豆油、豆饼、花生、果油等，异常丰富，各地买卖客商随时云集……"可以看出独流商会建立后，该镇商业的繁荣。

静海工商业调查中的独流镇

■ 东 风

独流镇素为静海县第一重镇，上世纪20年代，这里人口和工商业繁荣程度就已居全县之首。1924年，静海城关人口一万五千二百五十五人，独流镇人口一万七千一百七十七人，而其他各镇人口，均不超过万人。1928年，省政府建设厅派人赴各县调查工商业情况，对静海县的调查报告是以独流为主的。

调查报告称，静海在天津南七十五里，人民贫苦，房屋鄙陋，街市狭小，生意萧条，而城墙又倾颓不堪，一望知为贫苦县份。全城只有一大街，除有少数商号供给需要物品外，他无所有，工业亦无足迹。全县有四大镇，陈官屯、中旺比较小，没有工商业。唐官屯有豆油房十余家，出豆油、豆饼，豆饼曾在实业厅获奖。另有瓦子头村，织席工业兴盛，产品行销东三省并也曾获奖。惟独流工商业致为繁盛，全县总商会设于此。

独流地当运河、子牙、大清河之会，凡桑园、辛集、连镇、胜芳等地，皆以此为交通必经之路，故恒货物山积，船舶云集，俨然一大码头也。其商业殷繁，可想而知。工业亦大可观，分述如下。醋为独流特产，味极佳，销路颇广，有远至江浙、四川各省者，以其水土宜于制醋，故味佳，醋商亦发达。独流织布工业特别发达，全镇织布处所有十数家之多，织布机有七八十架之多，然大半皆家庭工业。大抵一家有父子兄弟三人者，即购置机器两三架，农忙则至田亩，农暇则织布。其稍具工厂规模者，不过三四家。概用新式铁轮机，每架每日织布七八丈至十余丈不等。出品均系白洋布及花条布，品质甚佳。销品天津及附近各市镇，获利甚厚。各村织者，皆先聘工师一二人教授技术，修理机械，其余则招募工徒。而工徒系学习性质，不满三年者不支付工资。惟于红利中的酌以馈送。各工厂学习期满者实繁有徒，而自购铁机由家中妇女帮助织布者，不下三十余户。工厂获利甚厚，有日趋兴盛之势。织席、制蒲包皆独镇及附近村庄工业物产之大宗，亦其地农民之副产物。该地农事既毕，其家人男女取其地大清河、子牙河、运河沿岸所产苇蒲等草，费许多手工，编制成蒲席、蒲扇、蒲鞋、蒲包，以求微利。皆家庭工业，手工业也。

可以说，地缘优势使独流的手工业产品首先打出了市场，在不断的商业经营过程中，独流人进行了工业化生产的尝试，在那个农业经济为主的社会环境下，这应该是一种开创性的探索。

通惠公司成立始末

■ 周利成

清末，由于县署税收过重，各牙行行规佣金过高，独流镇商业日渐衰微，商民交困。宣统二年（1910）四月，为通融市面，以纾商困，而济民食，独流镇商民朱尔濂等呈文天津商务总会，倡议仿照天津怡和斗店模式，创办通惠有限公司。公司从招股、集资、试办，到县署、镇商会、市商会、劝业道宪等机构层层审批，最后至农工商部准予注册立案，颇费周折。

宣统三年（1911）四月二十五日，朱尔濂等呈文天津商会独流分会，拟在独流镇开设通惠有限公司，专做存放款项兑换银钱业务，招徕粮客籴粜粮食生意，通融市面。公推独流镇商民郑汝重、朱尔濂、杨甲春为董事，张俊臣任总经理。公司拟招股本5万元，每股百元，计500股，时已招股1.2万元、120股。遵照农工商部章程，公司特拟定合同及试办章程三十条，附呈股票式样，注册清折等，一并呈报。请转呈市商务总会，移请劝业道宪，转禀农工商部，注册立案。

同年五月十一日，劝业道宪札独流镇商会称，该公司已试办数月，静海县既经厘定章程、出示晓谕，但因何一直未能禀报本道，以致无从核办？公司未经注册先行开办，实与农工商部章程不合，且查所拟章程与公司性质不符。为此，应即饬令取消。

通惠公司赶忙呈文解释，公司于去年四月间招集股本，拟在该镇开设通惠公司，系由独流镇商会最先提倡。原定宗旨最初并非以租帖抽佣为正式营业，岂料，因股本一时不能招齐，因此未能正式成立。但因该镇粮市腐败，商民交困，去年十月，镇商会与县长往复磋商，拟设一家公司，暂为代办斗店。该公司原以整理码头、接济民食为宗旨，仍令各帖户上市，分年归还私债，以免各债户另生枝节。公司所抽佣金，除该帖户应得外，统由公司扣收，并代交各项规费。公司接办斗店，并无与牙行争利之想，更无垄断之意。

公司试办以来，独流镇码头借以振兴，市面赖以周转，粮价甚平，商民称便。公司每日所抽之佣，除代交规费外，不敷各项开支，今已垫款六百余元；又因各帖户所得帖租不敷摊还各债，代为垫款五百余元。由此可见，该公司接办斗店，实系因起见，利则归公，害则归己。

公司于去年腊月初一，遵饬接办斗店，当时招募股本不过120股，共计1.2万元。无奈，年关在即，措款维艰，一时不能凑齐5万元。岂有资本无着先行注册之理，为此，县长遂有"俟将股本招齐再行注册"之令。公司人等以为暂以公司名义试办斗店并非实行开办公司，便不会违背商律。因此，不揣冒昧，仓猝接办斗店。今年三月间，股本招募完成5万元，遂于四月初十日呈请注册立案。

宣统三年五月二十六日，天津商会总会移劝业道宪称，准予通惠公司注册立案，照常开市。七月十六日，劝业道宪札称天津商会称，查该公司所拟章程均尚相符，相应检同章程清股票式样，并注册费，一并移送，烦查照转详农工商部立案注册，并请颁发执照。八月十一日，农工商部札天津商会总会称，准予通惠公司注册立案。

独流商绅的担当

■ 东 风

　　独流镇交通便利，商业发达，富甲全县，自然，各种担当也就找来了。这些担当有被动的，也有主动的。

　　1926 年，直隶沿河各县设立船捐局，征收船捐，用于警费、学费、修水利、医院等公益事业。其中青县每年津钱一千六百吊，沧县每年洋三百元，盐山县每年洋五百七十元，宁河县每年洋六百三十六元五角，共列出沿河三十余个县。而静海县则是由独流镇每年捐铜元二万二千枚，由一镇之力负担全县船捐的仅有静海一县。

　　商业发达必遭兵匪惦记，1927 年前后，独流镇连遭匪灾，抢劫案频发，元气凋残，市面商业萧条不堪，人民生活异常困难。到了年末，人民缺衣少穿，生活成了大问题。绅商们出资，竭力维持救济，使大家勉强渡过难关。

　　度过难关还不算完，库券的任务又来了。1930 年，天津市政府奉阎总司令命令，紧急担募库券八十万，这是公然的军费摊派。静海县负担一万八千九百元，此时的静海县天灾人祸交相逼迫，民众疾苦有增无减，民生问题亟待解决，根本无力购买库券。县长陈云溥、守催委员翁广文多次组织开会讨论，决定先分摊三分之一，计洋六千三百元，独流商民担募一千一百元，唐官屯九百元，县城五百二十元，子牙、瓦子头共摊一百七十五元，全县农民担负三千六百元，剩下的三分之二，恳请省府等麦熟后再交。独流商绅又拿了大头儿。

在经济条件好转后，独流商绅开始主动捐资兴学。1930年至1931年，陆续开办了小学、初中、女校、平民学校。曾任商会会长的刘星五，以个人名义募洋一千七百余元，在北街关帝庙内，成立一所初级小学校；张绍良、杨梦香、侯品珊、梦武占等，在镇两级完全小学校内附设初级中学，当时只有学生一个班；宋云斋在南街设平民学校一处；宋辰钟、宋韶斋、李瑞亭、李光普等人，募集基金一千八百余元，在北街太阳宫内创办平民学校一处，聘请镇上两级完全小学校校长张绍良为该校名誉校长，段树勋为教员，学校有教室三间，教员办公室一间，桌凳均为新式，所招学生都是贫家子弟，不收学费，书籍也免费供给。初级女子小学校由张荫生、王铸、张幼樵、张西斋、刘翰卿、王春霖、张琴舫、王文华、帅万顺、刘连捷、吕松年等发起创办，校址在土地庙，最初有女生四十名，聘妥翟毅平女士为教员。翟老师女子高小毕业，被县教育局函聘为静海城内第一女子民众学校的义务教员，工作一年多，成绩卓著。为了来独流工作，她专门函请辞职，用现在的说法，这应该是人才引进了。

独流的水会及水机子

■ 刘洪庆

水会是民间义务消防组织，也称水局，独流镇的水会最早成立于清咸丰年间。独流镇北靠大清河，西临子牙河，中有南运河穿镇而过，因而成为华北腹地与天津之间物资交流的主要转运地。到解放前镇共有四个水会，二十台水机子。现如今平安水会和乐安水会建筑仍然存在，全镇保存完好的水机子还有十余台。现存的水机用料考究，做工精美，性能优良，这种品质的水机如今在全国已十分罕见。

水机子也称水龙，一般长约4米，宽约70厘米，主要由底座、水柜、压杠、吸筒、活塞、高压储水罐和水枪组成。水机子的有效射程因机子的大小和压杠人员的多少而不同，一般在十几米到三十几米不等。

保安水会创办于清咸丰年间，由独流积米面庄老板郑祖荫创办。当时，郑家捐房7间，与各商号筹资购水机4台，水机子名称分别为：五龙、飞龙，保安，咸丰。

乐义安水会（后简称乐安水会）创办于清光绪年间，由主营煤灰生意的德裕号老板董伯皋主办，董家捐房3间，捐款与各商号筹资共购

乐安水会旧址

水机5台，名称分别为：昌龙，小五福、乐安、四条腿、双飞龙。

普安水会创办于清光绪年间，由南公所止静堂主办，有水机3台，名称分别为：普安黑杠、普安白杠、普安红杠。

平安水会创办于1930年，由豫德堂老板吕鹤九自建，除捐房9间外，还捐水机6台，名称分别为：大花篮，小花篮、苍龙、云龙、平安、预防。新中国建立后，由负责人闫玉琦向商号募捐，又购置水机2台，名为双龙、双狮子。

每个水会都由会头和会员组成，会头为水会的领导人，负责统筹指挥工作，会员负责水会的日常维护，发生火灾时负责维持秩序和灭火操作等工作。每当有火警出现，水会有人负责在街上敲锣，报警的同时呼叫人们来救火。人们自发跑到附近的水会抬水机子，担桶挑水，拿其他工具，然后奔向火场。每次火灾发生时，独流镇的四个水会都会到场施救，救火的人数最多时可达两三百人。

《天津通志·公安志》记载，1950年全市有51个水会。到1985年，天津市保留的水会还有4个，独流镇就占了三个，分别是普安水会、平安水会和乐安水会。在相当长的时间内，独流的这些水会对独流镇及周边地区的灭火工作发挥了重大的作用，人们用水会的这些水机扑灭了多次大火。

1996年，独流镇的水机子最后一次发挥了它的作用。当时正值四月初，民生街的一位老人无意引起了火灾，消防队赶到这里需要一段时间，平安水会的老会员们当机立断，抬出水机来灭火，村委会的领导用村委会的广播大喇叭动员人们来救火，很快许多人赶到这里，在一名老会员的指挥之下，大家挑水的挑水，压机子的压机子，另一名老会员熟练地将水枪内的高压"水龙"喷向大火，在大家的齐心合力之下，大火很快被扑灭了。

水机子

静海特产荟萃独流

■ 东 风

　　土特产是指一个地区品质优异的农林产品或者加工产品，很多已经成为这个地区的代名词。上世纪30年代初的调查显示，静海最出名的特产有四种，其中冬菜产自纪家庄、高官屯、王官屯、胡辛庄、西长屯、东钓台、赵家洼、吕官屯等处，其余三种都来自独流，调查中对其原料、工艺、厂家都有详细的记载。

　　醋是独流的拳头产品，原料为高粱米、元米、高粱帽、面曲、盐米、糠麸子等。先将高粱米、元米煮熟，拌和曲料，置于缸内，待其自然发酵后，由缸内起出，再和麸子、高粱帽、米糠拌和均匀，仍入缸中。约经十日，即可发热，此时由技师每日检查一遍，屋内温度和气味要符合标准。再经二十日，屋内闻有触鼻之酸味，再下食盐，每缸约用十余斤。再经一二日，移于院中，另将已成熟之醋（名醋秠子），起于院中缸内，用日光晒之。每隔数日，倒缸一次，经二三年后，即成陈年之醋秠。再用大缸一口，在缸底下穿一孔，置木架厚约二寸，将醋秠倾入缸内，再用清洁之沸水冲入缸内，由缸下之孔滤出，即成所食之醋。

气味香醇，为他处所不及，邻近诸县，视为珍品，故恒以此送礼，高醋每斤售洋一角，次者五分。该镇所产之醋各省驰名，独流老醋无不知者，以诚庆涌、山立、永丰三家所制者最佳，畅销于长江南北及平津一带。

九制佛手疙疸，又名佛手菜，其制法是在秋季选择生长完全、老嫩适宜之芥菜，用刀将皮削净后腌入缸中，至两个月由缸内取出，晒于日光之下。经半月至若软时再入缸，如此手续，第一年五次，第二年四次，后用刀割片如佛手状，再加香料九种即成，故名曰九制佛手疙疸。入篓封口经数月后方能出售，每百斤价洋十二三元，行销各行，久已驰名，上海、广东两处，销路尤广，此菜炒肉，味极鲜美，制此菜肴，为独流镇亚利工厂一家，并无同业者。

酱油，又名青酱，原料用元豆、面粉、食盐，先将元豆洗净，煮熟后由锅内起出，铺于席上，使其阴干，再用面粉拌和均匀，移于屋内架子上。架子之设置，高约丈余，内分二三层，每层底铺苇席，将和面之豆子，撒于席上，约五分厚，上覆一席，约二三日后，则于豆子上起黄霜，屋内温度，必须适宜。再将以生黄霜豆子，置于院内之缸内，用食盐化成盐水泡在缸内，用日光晒之，每日需串和一次，约经年余，即成酱秕。制造时间，以夏日最宜，因得最充足之日光晒之，然后再作木窨一具，其式形与箱子略同，下穿一孔，将食盐化成盐水，与酱秕子配合均匀，搅和如粥，装入数个粗布口袋内，置于木窨之中，上置重量之物压之，由孔内流出者，即为酱油。酱油销售各处，高酱油每斤二角，中等一角，普通者六分，以本县独流镇诚庆涌所制者最高，其次为瑞丰恒、天兴厚等。

不难看出，当时特产已形成品牌和规模，生产佛手菜的亚利工厂还是独家经营。而酱油和醋则是制造者较多，诚庆涌还能双管齐下。

独流老醋

■ 王敬模

  独流镇位于南运河和子牙河、大清河交汇处，水运发达。旧时，这里在很长一段时间内都是静海县最繁盛的水运码头，曾被世人誉为"津静首镇"。交通的便利，也带来了以制醋为主的酿造业的兴盛和发达。

  "食醋好不好，用水最重要。"独流老醋之所以成为全国三大名醋之一，和这里的水源有着密不可分的关联。1927年《益世报》载："醋为独流特产……以其水土宜于制醋，故味佳，醋商亦发达。"据今化验分析，受南运河的影响，独流地区的水层中，含有钾、铁、钴、钙、硅等二十余种矿物质，尤以微量元素钾的含量丰富，造就了独流老醋与众不同的经典口味。

  独流老醋历史悠久，明朝嘉靖十九年（1540）编撰的《河间府志》中，就记有醋的生产。清朝乾隆年间，独流老醋一度成为贡品。据有关史料记载，清朝末年，独流镇有醋酱行十三家：老三立、瑞德隆、永丰、瑞丰恒、福盛华、永聚、意诚信、诚庆涌、瑞得成、达记、奎盈、协立成、天立。据清光绪三十二年（1906）成书的《直隶全省商务概况》中记载："天津府静海县独流醋行销天津、河南、山东……"民国中后期，独流醋酱行发展到二十四家：老山立、天立、山立老号、大福兴、全顺、三阳、永丰、润德、诚庆涌、意诚信、庆昌、庆昌、庆昌西号、佩升、魁胜、天兴厚、瑞德隆、福盛大、福盛华、瑞丰恒、达记、会川、左家甑、董家甑，其中瑞德隆、永丰、老山立、瑞丰恒、诚庆涌规模较大。

旧时，独流的制醋业以老山立醋酱园较有名望。该园由王文超之先祖创办，始于清朝康熙年间。是时，老山立醋酱园的生产工具只有两口大锅、三十口水缸，设备简陋，生产量不高，但醋的色泽、味道好，颇受欢迎，名声也越传越远。到1939年，老山立已具相当规模：大锅八口，缸800口；日生产陈醋300斤，老醋250斤，行醋720斤；周转资金7.5万银元，厂房900平方米，并在天津设立分号。

独流老醋继承和发展了传统、独特的酿造工艺，以优质的元米、高粱为主要原料，并选用以小麦、大麦、豌豆制成的优质大曲为糖化发酵剂，经蒸煮、酒精发酵、醋酸发酵、陈酿、淋醋等十四道工序，历时三年酿造而成。它在三百多年的历史中，不断地实践和完善，逐渐形成了一套完整的酿造技术和酿造工艺。

民国时期，社会各界对独流老醋的评价颇高。1913年《直隶第一次实业调查记》载："独流所制之醋，品质极佳，久已运销进京及各县……"1922年，黎元洪总统过独流，特去老三立作坊尝老醋，十分满意，并乘兴提笔为其写了"老三立"牌匾。1922年4月，在直隶省第一次工业观摩会上，山立号独流老醋和王三立四号独流老醋，分获食品类一等奖。1932年《益世报》又载："独流醋，气香味醇，为他处所不及，邻近诸县，视为珍品，故恒以此送礼。该镇所产之醋各省驰名，独流老醋无不知者，畅销于长江南北及平津一带。"1934年编撰的《静海县志》记载："老醋以独流镇产为最，其味与镇江同，行销外省。"

旧时，由于时局动荡不定，独流老醋的产量、行销地点、价格也有所不同。据有关史料记载：1913年，年产醋57万余斤，运销津京及各县；1917年，年产醋57万余斤，每斤银元2分，运销京津、山东、河南等处。

1925年，年产醋10万余斤，每斤大洋2分9厘，销往津埠及境内各村。1929年，年产醋50万斤，其中20万斤销往本埠，30万斤出境销售。

中华人民共和国建立初期，独流成立了联营合作社，生产独流老醋。1956年公私合营，合并为静海县独流镇供销社食品厂。1984年9月，在中国食品协会的扶持下，组建了独流老醋厂，并按照天立酱园的名称定名为"天立"商标。随着体制改革的发展，于1998年4月改制为天津市天立独流老醋股份有限公司。后来，"天立"商标被国家工商行政管理局认定为"中国驰名商标"。到2012年，公司占地面积7.8万平方米，建筑面积2.5万平方米，年生产能力7.1万吨，年产量6.3万吨，成为中国最大的食醋生产基地。

独流出好酒

■ 王世宽

　　独流老醋是独流的招牌，在京津冀家喻户晓，其实，独流也有名声在外的好酒。

　　说起独流酿酒的形成和发展，与其特殊的地理位置和历史因素是密不可分的。独流地处南运河、子牙河、大清河汇流处，充沛的水资源为酿酒提供了先决条件。它又是南七北六十三省"御道"必经之处，南来北往的人众多，而且独流自古就是军寨驻地，社会重酒现象日甚，促进了独流酿酒业的发展。

　　据《天津商会档案》记载，独流的酒业始于清初，乾隆年间以后开始兴盛，宣统元年（1909），独流有烧锅十三家，又叫十三甑，其中，十二家为合桶，唯全顺号为独桶（即自家的酒甑，不允许外人烧酒）。全顺号烧锅由该镇工商街王子宜开办，初为烧酒零售，民国初年已批量生产，每日产酒640公斤。1917年，独流镇烧锅增加到十五家，全镇酒的年产量已达100万公斤，除供本镇七十余家酒店营销外，还整船运往天津，并销往日本及东南亚各国。由此可见当时独流酿酒业的影响。

据传，乾隆皇帝沿运河下江南时曾在独流用膳，对独流风味的宴席大加赞赏，并题词"独流酸辣水名扬天下"。何为酸辣水？显而易见，就是独流的醋和酒了。到底是否真有其事，我们不得而知。民国中期，独流酿酒达到鼎盛，当时最大的商号是乾合顺和三瑞堂，均为前店后厂。独流酒的原料，以本地麦曲和山东、东北的红高粱为主，日耗红高粱一万公斤左右，产酒三四千公斤，品种有二锅头、玫瑰露、状元红、曲酒、老白干、黄酒等。其中，独流老白干最负盛名，在直隶省第一次工业观摩会上，独流镇乾合顺生产的老白干酒荣获食品类中等奖。

好酒不怕巷子深，独流白酒以其独到的工艺、醇正的口感，在华北地区吸引着众多消费者，它虽比不上大牌名酒，但在酒的舞台上，也占有自己的一席之地。中华人民共和国成立后，由于多种历史原因，独流酿酒业没有像老醋那样做得风生水起。1977年独流恢复传统酿酒工艺生产，并正式投入生产，它以自己独特的工艺、历史的传承，酿造出股股醇香的独流特色白酒，口味"甘、冽、净、爽"，逐渐成为华北地区白酒行业中的翘楚。主要品种有独流老白干、独流大曲、津门高粱酒、独流特曲、义和团白酒等，主要销往华北、东北等地。用独流老手艺人的话说：把老工艺传承下去比什么都重要。

独流酿酒美名扬

■ 方 博

　　一提到独流，很多人都会联想到醋。"独流老醋"昔日曾为清廷贡品，跻身我国三大名醋之列。如今，它更已成为津门特产，享誉四海。其实，酒醋同源，二者各有妙用，独流还曾是酿酒之乡，古镇美酒在史料上多有记载，也是美名远扬。

　　独流镇依水而建，这里的水富含多种对人体有益的矿物质，附近又盛产高粱等农作物。同时，此地四季分明，既不潮湿，又不干燥，适宜发酵。这些都为独流酿酒业提供了得天独厚的条件。

　　早年间，对酿制白酒的作坊，俗称"烧锅"。独流烧锅在清代即已名扬天下。清光绪年间，1877年11月27日，远在上海的《申报》就曾发表《酿酒宜节》一文，对独流烧锅进行报道："按北直（笔者注：北直即北方直隶的简称）之烧锅，即南省之槽坊，常年以高粱酿酒。除京东各地盛行外，即天津一府亦以此为生意之大宗。即如独流者，不过静海县之一乡镇耳，而烧锅已有八家外，此棋布星罗，难以悉数。以一烧锅计，每日至少需高粱八担至十余担不等。就独流一镇论，每日已费高梁百十余担矣。"

此后，据宣统二年（1910）《静海县独流镇商务分会董事衔名表》记载，全镇共有烧锅12家。其中，以朱尔濂的乾合顺、孙鸿文的三瑞堂这两个字号规模最大。

民国以后，独流酿酒业更为兴旺。1913年《直隶省商品陈列所第一次实业调查报告书》中记述："独流镇以烧酒为大宗，有烧锅15家，每家工人约12名，每年有300日之制造，可出酒180万斤，每斤银之9分，均由天津远销南方各省。"独流老白干酒在1922年举办的直隶省第一次工业观摩会上获奖，可见其品质之高，在直隶也是名列前茅的。当时，独流所产白酒品种颇多，如曲酒、白干酒、状元红、玫瑰露等都有生产。曲酒和白干酒又有头酒、稍子和二锅头之分。

可惜，直奉战争对当地酿酒业造成不小的影响。1937年卢沟桥事变后，日军全面侵华，更是将古镇的酿酒业摧毁殆尽，酒的产量和品质都有所下降。至解放前夕的1948年，独流全镇仅有两三家烧锅勉强维持生计。

直到1949年后，独流镇的酿酒业才有所恢复。此后，建立了静海独流酿酒厂，独流美酒才得以延续至今。

独流人经营津味小吃

■音 十

提起津门各种小吃，老天津人都自然会想起"万顺成"。"万顺成"开始叫"万顺成秫米饭铺"，是独流段氏三兄弟创建的。

静海独流镇人段玉吉，民国初年在天津卖麻秆、秫秸。他发现天津南市一带的人喜吃甜食，于是改行挑担走街串巷卖秫米饭。不久又添售莲子粥，很受人们欢迎。他回家把两个弟弟找来，经过筹备，于1920年在南市东兴街开了一家门面，起名"万顺成"。老大段玉吉当掌柜，老二段玉林、老三段玉祥当伙计，三兄弟早起晚睡，齐心协力，生意做得很红火。除卖秫米饭和八宝莲子粥外，又增添了锅巴菜、素包、糖包和豆包。由于风味别具一格，待客周到，环境干净，受到顾客称赞，小店盈利可观。

随着业务不断发展，1929年他们又在天祥商场后门对面（即今辽宁路上）开设了分店，除经营原有品种外，又增添了炸糕、套环果子等。后来段玉吉去世，由老二段玉林掌管辽宁路上的分店，老三段玉祥掌管东兴街万顺成老店。1939年天津水灾后，东兴街老店迁至荣吉街口，称

"祥记万顺成"。辽宁路的万顺成由于地处繁华区，加之经营得法，讲究卫生，营业额大大超过了老店，后来即以辽宁路万顺成为主，不再称分店，由段家后人段长福、段长发兄弟负责掌管。

段家经营的小吃味道上佳，远近闻名。据称万顺成做甜食所用的江米面都是自己用碾子磨出来的，其他食品原料也要保证真材实料，不得有假。经理和掌柜的经常暗地品尝做好的成品，鉴定质量，甚至连原料也检查，发现问题要追究责任，对严重违反操作规定的员工一律辞退。其小吃以甜食为主，兼营咸食，品种多样，能满足不同口味顾客的要求，而且不用久等，这对逛繁华区和商场的游客以及一般市民来说，既方便又实惠，开张数十年来一直深受顾客欢迎。

据业内人士讲，上世纪50年代，该店的经营品种达数十种。稀食类有秫米粥、锅巴菜、八宝粥，乃是万顺成的传统品种。面食类主要有炸糕、套环果子、果箅儿、煎饼果子等。烤烙类主要有芝麻烧饼、什锦烧饼、硬面饽饽、红果烧饼、白糖烧饼等。另有季节食品。元宵节前后有汤圆，端午节前后有江米粽子，腊月初有腊八粥，夏季有西瓜、冰糕、汽水、冰淇淋等。

万顺成在1956年公私合营后，曾一度改为馄饨铺。1972年以后，改营北京、天津风味小吃，由此，改名为"京津小吃店"。20世纪80年代体制改革以后，除增加了稀食、烤烙、油炸、面食类的品种外，还增添了黏食类十多种。平日供应小吃有32个品种，节日可多达56个品种。

焖鱼酥香在独流

■ 由国庆

　　又香又酥的焖小鱼是天津独流的特色凉菜，它色泽酱红，滋味微酸兼带甜咸，吃起来开胃解腻，回味绵长。就这样一道貌似不起眼的小菜，却以丰厚的食文化积淀，成为当地乃至天津的"名片"美食——独流焖鱼，长久以来广受食客好评。

　　独流焖鱼得益于古镇一方水土，得益于特产老醋。子牙河、大清河、南运河等在天津静海独流汇聚合一，此间地沃水美，鱼粮满仓。烹鱼时爱放点醋，是独流民俗，久积成习。明代，静海县属河间府辖，嘉靖年间《河间府志》中便有"独流产鱼醋"的记载。"鱼醋"大致即指烹鱼所用的调料。入清以来，独流酿醋技术更加纯熟，名满北国，与山西陈醋、镇江香醋一并被誉为中国三大名醋。民间传云，乾隆皇帝一次沿运河下江南时途经独流，闻醋香阵阵飘来，于是登岸品尝，果然风味绝佳。龙颜大悦之下，独流老醋一跃成为贡品，每年腊月（伏酱腊醋品质最佳）呈进皇城。

　　独流老醋也让黎民百姓饱享口福，光绪三十一年（1905）的《直隶全省商务概况》中记："天津府静海县独流醋行销天津、河南、山东。"在天津老城厢，除酱园门市外，串胡同卖酱醋的小贩给住家户带来不少方便。独流乡人每天一早携两大桶醋辛苦进城，边走边吆喝"独流老——醋"，"老"字拖长腔，"醋"字短促，煞是好听，特别是那"老"字，正是陈酿的最好说明。

陈香老醋为焖鱼散香带来重要的佐味支撑。传说清末独流有个叫曹三的厨师脑瓜机灵手艺好，他把当地多产的小鲫鱼油炸后，加老醋用文火焖至骨酥刺软肉松烂，成为别具风味的焖鱼。又传北洋时期直系军阀首领、贿选总统曹锟曾专程到独流品尝过曹三焖鱼，食罢大加赞赏，还赏了数百大洋。一传十，十传百，引来当地厨师竞相效仿，独流焖鱼广传津沽。

美味流传至今，一直是大小津味菜馆的拿手凉菜。现下看来，其烹制并不算难，如果您耐不住诱惑，今晚就不妨一显身手：选十条八条鲜活小鲫鱼，准备好独流老醋，外加食油、葱段、姜片、蒜瓣、八角、盐、白糖、料酒、酱油、高汤等。先收拾鱼，去鳞去内脏洗净，沥去水分，然后用六七成热的油将鱼炸至金黄，接下来炝锅，放八角、葱、姜、蒜爆香，烹入老醋、料酒、酱油，再加些许高汤，把炸好的鱼摆入锅内，点适量盐与糖，煮沸后改文火焖，约两三个小时即成。烹制独流焖鱼的时间并不算短，但天津卫有句俗话：好饭不怕晚。美味，往往在期待过程中最让人垂涎，这独流焖鱼又何尝不是呢？

抹不去的滋味

■ 张春生

　　带着一股清香和爆火出锅的嘶嘶声，一盘有着黄色锅巴、碧绿菠菜、油黑木耳的独流佳肴，被浓香的蒜味裹着，摆在了小树桩做桌腿粗木纹板当面的饭桌上。和已经上桌的扣肉、烧鱼、炖鸡相比，是那么的素雅、清淡，甚至是朴拙，然而越过寻常的炖、熘、炸、熬，独流锅巴在看似简单中凸显着灵秀，以平和却不寻常的姿态在食客面前，述说着原料的精细和制作的用心。

　　独流以醋名扬海内外，且历史悠久，这已经折射出此地在粮食深加工中的底蕴和功力。在做饭炒菜上，也讲究一个"穷菜富吃"，把身边的普通食材，通过睿智的琢磨和时间的积淀，烧制成一道风味独具的独流锅巴。

　　先说独流锅巴的主料，是把上好的绿豆磨成浆，再摊成可入菜的煎饼。此过程需要先筛选优质绿豆，用石磨碾碎；接着浸泡，去皮；然后，磨成绿豆浆，再兑入适量的团粉并予以调色；最后，摊成既薄又韧的锅巴，放在盖帘上冷却。锅巴的制作过程需要 10 个小时左右，以有着百年传承历史的"王记"和"尤记"锅巴为代表，口感筋道又不粘锅。津沽一带的小吃，为方便大众食客，常常把菜与主食一起制作，如"狗不理"的包子、"大福来"的锅巴菜、享誉海内外的"煎饼果子"等。而独流锅巴，用切制成菱形小块的绿豆煎饼，配以菠菜、肉丝、木耳，或爆炒、或糖醋、或拔丝、或凉拌，以乡土的质朴与绿色食品的养人，使"穷菜富做"登堂入室，进入"非遗"的层次。

然而，我对独流锅巴的记忆，不仅停留在舌尖，而是植入心田。三十年前，因经常评论、分析影视剧，便有机会和剧组一起跑外景、看拍摄。有时忙到天黑，吃饭便顾不上搭配，填饱就好。要是转场在路上，饿了便随便找一家小饭馆有嘛算嘛。那天，从山东回天津，过沧州进静海，已经天黑。为赶路，中午饭就凑合，到了晚上九十点，几个人已经是饥肠辘辘，几双眼瞅着窗外，司机师傅更是恨不得见着能吃饭的地方就踩刹车。那时改革开放刚起步，公路窄，饭馆稀少，夜幕降临，人和车仿佛与孤寂为伍，风刮树叶的哗哗声，越发让人心烦。

前面是独流镇，路口有一处街边村，亮灯的小馆门前挂着的柳编笊篱在风中晃着，是对我们几个的召唤。一进屋，年纪有四十多岁的汉子和一位中年大嫂，迎过来招呼我们入座，递上热水。剧务着急点菜，米饭馒头有，肉鱼所剩无几，难以炒出几个像样的菜，大伙连连说，凑合吧。谁知，转眼间汉子端上两大盘子，满满的，有黄有绿有黑，还飘着浓浓的蒜香。我拿起馒头夹一筷子菜，绿豆的清淡、菠菜的涩香、木耳的柔韧，伴着甜中带咸的芡汁，是那么爽口，引得我食欲大开，心情也温暖起来。大伙称赞说，这是一路上最好的一顿饭，也是从未有过的口福。

现在回想，那两盘锅巴，是急就章炒出来的，锅巴长短不齐、菠菜也有点老，调料也单调了些。然而，汉子和大嫂的热情与体贴，却让这两盘菜，深深地烙上了独流人的爱意。这朴素的菜肴，让南来北往的食客感受到了独流这一方水土为中华饮食的添砖加瓦，把寻常食材变成不寻常佳肴的智慧与工艺。于是，一道抹不去的滋味——隽永存在着。

我说独流锅巴

■ 薛玉森

独流镇的特色风味小吃独具魅力，独流锅巴就是其中的一种。

据说清光绪二十六年（1900）三、四月间，一位山东义和团首领来到独流镇找张德成，就住在该镇的义和街王家。只因当年绿豆收成较好，王家女主人闲暇之余便与他聊起了绿豆怎么吃的问题。一会儿说到独流的绿豆糕，一会儿又扯到山东的煎饼卷大葱。说者无心，听者有意。转天，王家女主人便早早起床学做起了山东煎饼来。她回忆着山东义士的说法接连试了几次，最后又掺了些面粉才将所谓的"煎饼"端上饭桌。山东义士品尝后说虽不像山东煎饼，但其味道独特又类似于山东锅巴，张德成品尝后也感觉不错，于是就给这种圆而脆的小吃起了个独流锅巴的名字。此后，王家在制作的过程中又逐渐加入了当地一些特有元素，并将制作方法传授于亲友、乡邻。久而久之，锅巴即成了远近闻名的独流特色地方小吃。

独流锅巴原以绿豆面、面粉（淀粉）为主料，以石磨为机器，以大锅为炊具，其每个制作环节都精益求精。从绿豆的挑选、泡豆、磨豆到摊成锅巴，至少需要五步才能完成。首先，筛选颗粒饱满、个头均匀的高品质绿豆，用石磨碾成两半；之后将碾好的绿豆用清水浸泡，捞去豆皮、杂质，使绿豆呈晶莹剔透状；再用石磨将泡好的绿豆磨成豆浆；接着在绿豆浆中加入面粉或团粉，制成颜色通透、手感筋道的半成品；最后以柴草将大铁锅烧热，舀上面糊，摊成均匀薄似纸张的圆形薄饼放在盖帘板上冷却，整个制作过程前后约需十多个小时。待食用时，将圆形薄饼切成长条，以油煎，配以木耳、菠菜，大火爆炒，出锅前再撒上蒜末即成美味小吃。

早期独流锅巴的成品为乳白色或略带淡青色，但后来又为何变成了金黄色呢？坊间说，这颜色的变迁还有一段故事。传闻光绪二十七年（1901）十一月，慈禧太后和光绪皇帝回京后，在西安吃腻了一年多羊肉泡馍的慈禧太后立马想换换口味。地方官为讨好老佛爷，便撒下人马围绕京城、直隶一带遍搜地方特色饮食给朝廷进贡，这其中就包括刚刚面世不久的独流锅巴。慈禧太后在品尝了独流锅巴后感觉特别爽口合胃，随即问询了小吃的名字和出处，高兴之余即将其圈点为朝廷贡品。由于独流锅巴受了"皇封"，于是在此后的制作工艺中就又增加了适量的食黄配料，产品的颜色也从原来的乳白色或略带淡青色改为了金黄色。

根据史料记载，独流镇王家和尤家擅制独流锅巴。自问世100多年以来，由于严格遵循传统工艺技法，风味独特，并在继承中不断创新，独流锅巴已发展出菠菜锅巴、糖醋锅巴、拔丝锅巴、肉丝锅巴等多个品种。又因其货真价实、物美价廉，颇受广大顾客欢迎，不仅成为当地百姓餐桌上的必备佳肴，同时也成为当地饮食"穷菜富吃"特色的典型代表，现已被静海列入县（区）级非物质文化遗产保护名录。

独流的老行当

■ 张秀卿

以前，独流曾有一批服务于民众生活的老行当。

首先说说茶锅（开水铺）。旧时，煤火炉灶很少，人们喝口热水，多在柴灶大锅里烧水，因极不方便，后来便兴起了茶锅行当，以卖开水为生。由于方便快捷，很多人家习惯了买热水。茶锅就此发展了十数家，有大街王家水铺、李家水铺，横字街魏家水铺，小桥子陈家水铺，团结街徐家水铺、义和庄刘家水铺、李家水铺，北头赵家水铺，老桥头马家水铺，北肖楼郭家水铺等。水铺开水价格不等，小瓷壶1分、大瓷壶2分、铁壶3分、特大壶5分。水铺都有特制的水牌，常用热水户是预先买好水牌，用时交牌即打水。这些水铺有的经营几十年，有的经营百年以上。

杠房是殡葬服务行业，简言之是承办丧事、料理死人的。旧时没有机动车辆，没有吊车、铲车、挖掘机，有人亡故后怎么将棺材运到墓地，如何挖墓穴，如何下葬？一切均需人力。这时，杠房就发挥了作用。独流镇当年的杠房共有四家，包括武家两家、宫家和邱家，这个行当至上世纪60年代初消失。

花轿房是婚庆服务行业，花轿也叫喜轿，这个行业在独流兴起于明末清初，延续几百年。1949年后随着新《婚姻法》颁布，青年男女自由恋爱，新事新办，不兴坐花轿了，花轿房自然也退出了历史舞台。

旧时，独流街上澡堂子有数家，其中较为有名的有南堂子、北堂子。大街上北有庆兴澡堂，南有龙泉池，两家澡堂距饭市都不足百米，那时澡堂子是以一盏红灯挂在门外，晚间打烊时，摘下红灯，称作"落灯"。在独流，龙泉池澡堂是档次较高的，内设雅座，都是红漆木板的包厢式休息位，约有五十个座位，设有茶桌。除了洗澡外，兼有搓背、理发、修脚等服务，还可以喝茶，小贩也可随时进入卖些水萝卜、糖堆儿、瓜子等各种小吃。远道客人还可叫饭，饭馆伙计按时送到，吃饱喝足了，再睡上两个小时，甚是舒服。中华人民共和国成立后改为公有，更名"胜利澡堂"。

当年，独流还有拉洋车、蹬二等的。拉洋车的有十几家，1949年后一度成立洋车工会。洋车在独流历史上曾起过很大作用，因独流火车站距镇内三华里，老人们往来天津或南去沧州等地，就雇用洋车送到独流火车站。从车站下车的人，又有洋车接站。虽然花些脚钱，但老人出行很方便，所以洋车曾兴旺一时。为了争客，车夫们把自己的洋车装饰得干净漂亮，自身穿着也非常整洁，言语客气，对老人服务周到。洋车的集结地在镇老桥口奶奶庙前，上世纪60年代末停业消失。

消逝的老手艺

■ 张宝军

　　"修锅、补锅、锔盆、锔碗、磨剪子、抢菜刀……"曾几何时，这些叫卖声在独流的胡同里巷，构成了一道风景。随着时代的变迁，老手艺已经渐渐淡出人们的视野。

　　小炉匠。上世纪50年代以前，在独流走街串巷的小炉匠很多，他们大多都是外乡人，待人和气，手艺精湛，工费合理，到谁家门口，摆上摊架，坐上马扎，小锣声一响，人们便知他们到了，把需要修的活儿拿出来收拾。

　　攒木筲。木筲即盛水用的木桶，过去家家必备。因要到运河挑水，一根扁担、一副筲，从河里取水用。那时居家洗衣用的大木盆、盛脏水用的泔水筲、接小便的小尿桶，全是木制的，是一块块弧形的木板箍起来做成的。当年，数李庆才师傅和董桂馨师傅手艺最好，他们攒制的产品不散不漏、经久耐用。

　　张箩圈。箩是过去用石磨磨米面后，筛面必须用的工具，分大箩、小箩、粗箩、细箩。张箩圈也是一门圆线活儿，在独流杨家是专门制作箩具的。随着社会的进步，人们用机器磨面粉，不再需要人工罗筛，此行当随之消失。

补锅的。补锅的也挑担子，他们挑的是风箱、小火炉和另外一些工具。锅是铁的，长期使用后易烧破洞，无法再用，又舍不得扔，这时可以通过补锅来解决。补锅的将炉火点燃，拉起风箱，将炉火鼓得旺旺的，坐上坩埚，放进补锅的材料，待材料熔化成液体，好像一个蛋黄，补锅时在铁锅的破洞上垫多层破布或沙土，随后将那液体"小蛋黄"倒在漏洞处，迅速用手中的布卷一按，如布卷引燃小火，吹灭后再按，待液体凝固了，锅就算补好了。

剃头匠。过去镇内除有多家理发馆外，还有沿街串巷的剃头匠。剃头挑子一头是火炉，炉子上面放一个高沿宽边的铜盆，以备热水，另一头则放一板凳，板凳内设有几层抽屉，放剃头刀、剪、推子、刷子等工具。剃头匠不吆喝，而是靠"唤头"招揽生意。"唤头"是用钢板制成，形似大镊子，走街串巷时，左手持唤头，右手用一根细铁棍拨打"唤头"末端，发出清脆好听的声响，传得很远。人们一听到"唤头"声，就知道剃头匠来了，需要剃头的便从家里出来招呼理发。

锉磨的。过去农家常年需要自己推磨、轧碾子，把小麦、玉米、高粱等磨轧成面，以供食用。磨久经使用，内槽磨平，需要师傅锉磨，这是一门专门的石匠手艺。自从农村有了电磨，锉磨行当便告失业。

这些老手艺大都已成为历史，只有磨剪子、抢菜刀流传至今，在独流仍走街串巷、上门服务。

独流的蒲芦编织

■ 老　愚

芦苇、蒲草在上世纪五六十年代再普遍不过了，那时不论你在农村还是在城里的寻常百姓家，几乎都能见到芦苇、蒲草编织的生活物件，但随着社会的发展、人们生活水平的提高，芦苇、蒲草编织的物件渐渐远离了人们的生活，但在运河小镇独流提起那段历史，老人们依然津津乐道，如数家珍……

旧时，在独流附近，河流、洼淀、坑塘众多，盛产蒲草、芦苇。据有关资料记载，民国初期，独流年产芦苇五十余万公斤，蒲草十余万公斤。丰富的蒲芦资源，使当地老百姓很早就掌握了手工编织业的技艺。到清朝末年，这里已形成蒲编和苇编两大手工编织行业。

据1927年《静海县工商业调查》记载："织席、织蒲包皆独流工业产物之一，亦其他农民之副产品。该地农事皆毕，其家人男女取其地大清河、子牙河、运河沿岸所产苇蒲等草，费许多手工，编织成席成包，以求微利。"是时，组织收购和经营蒲苇编织业的字号有和顺德、和顺、庆记、三合德等，芦苇主要用于编织苇席以及苇帘、苇箔、苇篓、盖垫等。苇席的用途主要是做炕席和粮囤用。旧时，苇席的产量和价格每个时期都不尽相同。据史料记载，1917 年，独流生产苇席二十余万领，每领银元 2 角至 3 角，销于京津和东北。1925 年，年产苇席四十万领以上，每领银元 5 角，用芦苇四百万公斤。是时，当地芦苇供不应求，从文安县、安新县购入。1929 年，年产苇席四十万领，其中二十万领运销东北，编织人员达一万人。1934 年编撰的《静海县志》记载，苇席年产十五万领左右，成为当地百姓生活收入的主要渠道。

据当地老人回忆，旧时独流五月的乡村，洼淀里、河道边、沟渠旁都生长着一片片茂密的蒲草。入秋后将其采割，粗略晾晒后进行编织。蒲草主要编织蒲席、蒲包、蒲垫、蒲扇、草鞋等。据 1924 年《静海县呈报工艺种类》记载："县北独流镇出产蒲席、蒲扇、蒲鞋、蒲包，为工艺之大宗，男女老幼均能工作，销路颇广，获利甚厚。"民国时期，独流镇年产蒲包十四万个、蒲席两万余片，销于本地、京津、东北及运河沿线一带。有时当地原料不能满足生产需要，便从芦台、京西、山东等地购入大量蒲草。1915 年 3 月，直隶省举办了出席巴拿马国际赛会的博展会，独流镇的蒲编壶垫、蒲编碗托获褒奖。

现如今，芦苇、蒲草早已不受人们青睐，加之水域的减少，几乎很难再见过去大洼的满目葱绿，但此盛景将永远留存于独流的历史记忆中。

人物撷英

金章宗独流游猎

■ 王敬模

　　《金史·食货志》载："泰和元年（1201）省臣言：……清州北靖海县（即今静海区）新置沧盐场，本故猎地，沮洳多苇，宜弘其禁，令民时采而织之。"从这些记载中可知，金朝时，为了在靖海县建立盐场，曾废弃过皇帝的游猎场。回顾历史，这个昔日的游猎场应在今静海区的哪个地方呢？据分析，应在独流镇及其东北部一带。

　　金朝时，独流镇一带地势低下，河道众多，加之自然堤纵横交错，围成许多浅碟形洼淀。其中，这里有一个名叫北泊、亦名莲花淀的洼淀。北泊，位于今独流镇东北部，独流减河西段两侧。淀区除部分在今独流镇子牙河、南运河故道、独流减河之间的三角地带外，还有部分在今西青区境内。

　　金朝时，这里属于尚未开发的淀泊之区：苇蒲丛生，淀水湛蓝，地上狐兔跳跃，天上雁行翩翩……一派既有野性、又蕴秀丽的北国风光。金贞元元年（1153），金朝迁都燕京后，今独流镇一带便成了畿辅重地。由于风光秀丽、猎物繁多，到章宗皇帝时，这里便成了皇家的游猎场所。也可能是章宗皇帝在这里游猎时产生了感情的缘故吧，到金明昌四年（1193），又于这里自宋大观二年（1108）后第二次置靖海县治。

金章宗（1168—1208），即完颜璟，小字麻达葛，以生于金莲川麻达葛山命名。金世宗之孙，允恭之子。幼年时，即习女真语文及汉籍。大定二十五年（1185），父死，封原王。次年，世宗赐名完颜璟，拜尚书右丞相，立为皇太孙。二十九年（1189），世宗卒，即帝位。次年，改元明昌。在位期间，定礼乐，修刑法，改官制，改进世宗朝各种制度，置提刑司，设常平仓，更定科举，建孔子庙，修《大金集礼》《新定律令敕令敕条格式》，敕纂《辽史》并编辑案牍奏章长达2000卷。其好汉文化，遍搜图籍及名人书画，善书法，效宋徽宗"瘦金体"，能诗歌，"知音律"。在帝位时，命完颜襄等北攻鞑靼等部，重开界壕；命仆散揆等南败宋兵，恢复两朝盟约。

金章宗在位十九年中，经常到外地游猎。其中，承安三年（1198）在静海一带游猎多日。关于这段历史，《金史》是这样记载的："（承安三年十一月）甲寅冬猎。十二月甲子朔，猎于酸枣林，大风寒，罢猎，冻死者五百余人。己巳还都。"据天津考古专家韩嘉谷撰文介绍，《金史》中所说的酸枣林，即位于今独流镇东部的西青区张家窝一带。从以上记述不难看出，金朝时，今独流镇及其东北部一带曾是一处金朝皇族的游猎禁区。

明宣宗过独流

■ 李佳阳 王敬模

　　独流位于大清河、子牙河、黑龙港河、南运河四河汇聚之区，金朝章宗皇帝、清朝乾隆皇帝均到过这里，所以世人称其为"龙兴之地"。查阅史书，还有一位明朝皇帝到过这里，他就是明宣宗朱瞻基。

　　朱瞻基，生于洪武三十一年（1398），在位十年期间是一个有作为的皇帝，以勤恤民隐、节俭惩赃而被称道。在他执政期间社会安定，被称为"治平之世"。明宣宗为什么要到独流？主要和平息一场汉王朱高煦叛乱的战事有关。

　　宣德元年（1426）八月，也就是宣宗即位后的第二年，他的叔父汉王朱高煦发动了叛乱。朱高煦是仁宗（即朱瞻基的父亲朱高炽）的同母弟，为人狡诈凶悍，善于骑射，向以雄武自负。在"靖难之役"中，自以为功高，能成为皇位继承人。但是，没想到朱棣夺得天下后，却立朱高炽为太子，封他为汉王。为此，朱高煦心里怏怏，经常发泄不满情绪。成祖死后，他就觊觎王位，蠢蠢欲动，但一直没得到下手的机会。10个月后，仁宗死，宣宗即位，朱高煦效法其父朱棣的故技，并在乐安州（今山东广饶）暗中招募壮士，指责夏元吉等人为奸臣，声称自己要举兵"靖难"。他暗中派人去北京联络英国公张辅为内应。但张辅不受其制，反而逮捕来人，并告发其阴谋。面对朱高煦的叛乱，宣宗朱瞻基听从了大臣杨荣的建议，率领大营五军将士亲征朱高煦。朱高煦因孤军无援，走投无路被迫出城请罪。宣宗下令执捕了朱高煦父子，叛乱遂被平定。

据《明实录·宣宗实录》记载，明宣宗朱瞻基宣德元年八月初八从北京率军出征，沿着运河水陆并进。他每天驻跸一个地方，由北向南依次是通州、新河店、水河铺、杨村、直沽南。出征后的第六天，即驻跸在独流镇，转日离开独流，继续南行。

明宣宗在出征的路上，很是关心民众疾苦。《明实录·宣宗实录》记载："车驾所过，见有司集民修治道路，上（指明宣宗朱瞻基）命散遣之，且喻之曰'兹秋成之时，民皆急于收获，道途通行者免除治，毋重劳尔民'。"从在独流一带的记载可以看出，明宣宗是一位知民情、达民意的皇帝。

独流善人阎联奎

■ 翟振雅

　　独流由于是水旱码头，吸引和聚集了八方才俊。清代乾隆初年，世居河北省霸州杨芬港的望族大姓阎氏家族中东长门一支迁居独流镇，并在独流镇开创了一番事业。在独流镇发展并兴盛起来的阎联奎就是阎氏代表人物。阎联奎，字鲁堂，清朝乾隆十七年生。青年时，阎联奎曾被送到北京进入国子监学习，后因父亲去世，放弃仕途幻想，回乡从事农业生产和发展。道光十七年，阎联奎无疾而终，时年85岁。

　　阎联奎在独流留下了良好名声，最让人称道的是他乐于救济亲属和贫困百姓。嘉庆十八年（1813），阎联奎老家杨芬港遭到一场严重的火灾，大火蔓延烧毁了半个村庄，景象惨不忍睹。阎联奎倾囊捐助，捐出大批钱粮，周济受灾贫民，深受民众赞扬。堂侄阎毓秀自幼失去父母，阎联奎就将其收养，并抚育成人，为其置办房产地业，娶妻成家，此举受到街坊邻居的广泛称赞。过去的独流西洼一带经常闹水，每遇灾荒之年，阎联奎就带头捐资赈济，或设粥厂，或放钱米，还号召社会上的富户商贾捐资救助，独流附近村庄的人们都称阎联奎为"阎善人"。

不仅如此，阎联奎还乐于做公益事业。原先的独流镇渡口的渡船因年久失修，有的已经糟朽，过往的人们都很担心。阎联奎就主动捐资雇人重修。道光七年（1827），他出资在杨芬港建了阎氏家庙。道光十年（1830），又出资在独流镇重建文昌阁……为了表彰他乐于行善和为公益事业作出的贡献，当时的静海知县请命赐予他七品职衔，并颁发了匾额。

民国《静海县志》有一段文字这样记载："阎联奎，字鲁堂，监生，祖居杨芬港村。乾隆初年，迁居独流镇。性孝友，好施与。幼而失祜，弃儒归农。独流镇渡船年久多朽，捐资重修。嘉庆十八年（1813），杨芬港遭回禄之灾，延烧半村，族人被灾者周以钱米。堂侄毓秀幼孤贫，抚育成人，为之婚娶给产。道光七年（1827），建家庙于杨芬港。十年（1830），建文昌阁于独流镇。每遭饥馑，倡捐赈济或设粥厂，或放钱米，马伏波所谓乡里善人也。"

有一回，乾隆帝驻跸杨芬港，特意召见阎联奎，对其所作所为大加赞赏。

阎联奎所属阎氏的一支堂号叫"正心堂"，也称"联兴号"。阎联奎的后人在独流创办了闻名北方地区的"天立"独流老醋。独流老醋后来成了宫廷贡品，发展到现在，已经成了名闻全国的三大名醋之一，行销国内外。

光绪年间，阎联奎的后人阎恩焕带领阎氏后人从独流迁返原籍霸州扬芬港。

海张五修独流炮台

■ 鲁德人

早年间有一句歇后语："海张五修炮台——小事一桩。"说明海张五把修炮台当作非常容易的事。

海张五，名叫张锦文，字绣岩，绰号海张五，相传为独流人。《天津县新志》记载：其先世贫寒，"幼孤无业，日游荡市里间，然极知有母"。一日归家，母亲不悦，"讽之发奋，乃思树立"。后徒步闯关东，依靠家乡人生存。其为人干练，"使之有所经济，无不胜任愉快者，以是乃渐信任"。其未曾读书，却足智多谋。时闻长芦引岸许可承运，其"长驱并驭，大展操奇计赢之术"，一跃成为巨富。

咸丰三年（1853），太平军进军静海，逼近天津。海张五与天津知县谢子澄组织团练，招募津勇，并撰《平贼裕国十二则》，绘炮台、炮架、铁齿鞋图式，呈送地方。为加强天津的防御，其承担河北虹桥炮台和大营炮台的修建工作，还参与稍直口抗击太平军的战役。

太平军退守静海后，长芦盐运使杨霈谕饬，请海张五在独流修筑炮台一座，要求这座炮台"高一丈六尺，宽厚皆二丈，马道宽六尺"。海张五遂命手下刘开禄前去独流主持炮台修筑，所有工料皆出海张五准备。数日，炮台修成。为加强对太平军的攻势，钦差大臣胜保从海口调来八千斤大炮，安装船上向太平军进攻，后"屡言船上开炮不得力，欲移置河岸"。由于炮身过重，移动困难，海张五购置四根大木，制成炮架，派64名津勇，将大炮搬上岸，固定下来。每天开仗，先行开炮，海张五派二百人轮流更替，工食犒劳皆由其掏腰包。后来，杨霈称独流炮台仍需加高、加厚，海张五遂派刘开禄等带领人夫、物料前往，炮台增高一丈八尺，炮台后身增厚八尺，左右增长八丈，当天告成。胜保见到独流炮台后，又令海张五"于梁王庄大营建造炮台，并赏赐张之子张汝霖六品顶戴"。随后，海张五亲带人力、物料前往。适逢天津知县谢子澄阵亡，海张五悲痛之极，也无心督造炮台，随即回天津赶办祭筵。翌日，胜保督促炮台工程。海张五派手下何珍带人前往，"是夜鸠工，二日告竣"。太平军发现修筑炮台，"屡次攻扑，枪炮齐施，大小铅丸如雨，直落身旁"，所幸没有伤亡。炮台建好，但炮只能攻击一面。为此海张五又制作活炮架，"尤为灵便"。

海张五所建的两座炮台备受清军欢迎，十二月十四日，杨霈来谕，独流还需要建三座炮台。海张五没有迟疑，"虽所费不赀，而情实难却。随派人夫携带物料前往，即日告成"。

咸丰四年（1854）二月初九日，奉上谕："五品顶戴张锦文着加游击衔，伊子军功六品顶戴监生张汝霖以同知尽先选用，仍赏戴蓝翎。"对张氏父子襄理军务给予奖赏。从《张公襄理军务纪略》记载看，海张五在独流一带修的几座炮台，每座仅用数日即修成。可见"小事一桩"之说并非虚妄。

左宗棠麾下干员萧宗幹

■ 王勇则

　　同治年间，清廷大举用兵，镇压陕甘起义军。萧宗幹时在陕甘总督左宗棠麾下，负责粮草、饷银等后勤保障。《清穆宗实录》提及萧宗幹28次之多，足见其备受关注。

　　同治十二年（1873），清军克复肃州（今属酒泉市）之际，左宗棠函"甘凉道萧伯贞观察"，筹策军机。2014年版《左宗棠全集·书信二》出注："萧宗幹，字伯贞，籍贯不详。时署甘凉道。"

　　萧宗幹是静海独流人。1873年版《重辑静海县志·乡宦》载："萧宗幹由军功保至道员，现署甘凉道。其弟宗辅，保举以县丞候补。"1914年版《安次县志·烈女志》可为依据："解萧氏，淘河村解锡熊妻，静海县独流镇人，官甘凉道萧宗幹之妹也。"

　　萧宗幹曾任贵州平越直隶州（今属黔南州）坐补知州，"年壮才明，实心任事"。1862年西安将军穆腾阿调用萧宗幹及"七品军功、文童萧宗辅"等十二员随赴任所、协同防剿。上谕："奏请留萧宗幹在营差遣。该员系黔省知州，迹近规避，与新定章程不符。惟陕省差委需人，着准其暂留，交穆腾阿差遣。"

萧氏兄弟屡从征战，积功累迁，1866年左宗棠调任后尤甚。萧宗幹因对军需"妥为设法采办，源源转运"，而颇受倚重。1871年左宗棠函乌里雅苏台将军金顺："凡甘凉各处采粮事宜，均问萧伯贞观察，便得其详。此君明白切实，为地方绅民所信服。"1872年8月17日左宗棠奏请，萧宗幹"筹粮筹运，克尽心力"，"军食无虞匮乏，洵属实心任事"，"准将三品顶戴、署甘凉道、甘肃候补道萧宗幹敕部从优议叙"。

每遇战事趋紧，难免"军粮匮乏、采办维艰"。虽对军务"悉心照料、宽为应付"，但萧宗幹难以事事周详尽善。1874年1月27日左宗棠奏《官军出关宜分起行走并筹粮运事宜折》载，因棍徒"造谣煽惑，阻纳官粮"，致"市肆抬价居奇，贫民籴食无出，军民均困"，经察访得实，"以署甘凉道萧宗幹办理颟顸，撤任查办"。

贻误军机可不是闹着玩的。《上谕档》1876年1月9日悉数其罪："萧宗幹，前甘肃补用道。因兼办甘州营屯局，遇事颟顸、任用匪人。于知县杜辅仁等明谋渔利、狼狈相依。该员被其欺蒙，漫无觉察，奏参革职。"萧宗幹属"京外文职私罪案情较重废员"，沉寂十年后重获起用。

1887年4月21日吏部引见履历单载："臣萧宗幹，直隶天津府静海县文童，年六十一岁，由前贵州平越州直隶州知州劳绩，递保甘肃补用道，因案革职。经神机营奏调，在防营当差，深资得力保奏。奉懿旨：'着以知州用。钦此。'今签掣云南嵩明州知州缺。"1892年2月26日引见单又载，萧宗幹"年六十六岁，由前任云南嵩明州知州，因劳绩出力，保以本班先选用。今签掣云南丽江府鹤庆州知州缺"。1894年7月4日奉上谕："横州知州萧宗幹，精神稍短、人地未宜，着开缺另补。"可见，其生于道光七年（1827），67周岁去职。

独流名门郑氏家族

■ 宋春琴

　　千年古镇独流，可谓人杰地灵，由于独特的地理位置，自古就是重要的水旱码头，扼守着京、津、鲁、冀、豫的水陆交通要道；在陆路交通不太发达的时期，漕运船只往来如梭、商贾云集，一派兴隆昌盛景象。独流成为各种物产流通、各色人物三教九流汇聚的风水宝地。有饮食方面的创立者和传人，有武术世家、建筑世家、漕运大户，有铺号广布的大商户，而郑氏家族则以走出政要、将军、医生、科技人物而著称，在独流可以算是当之无愧的名门望族。

　　据郑氏族谱记载，郑氏家族的先人从明初燕王扫北开始，就来到独流这块富庶之地开创家业，繁衍生息。郑氏家族中最显赫最出名的是郑汝成。郑汝成曾留学德国、英国，后任上海镇守使，加海军上将衔、将军府彰武将军，后来被上海革命党人王晓峰、王明山投弹炸死，因此被袁世凯追封一等彰威侯。

　　清末时期，中国出现了外强侵犯、江河日下、家国衰落、民不聊生的局面，为挽救一步步走向衰亡和即将覆灭的王朝，清政府在全国各地创办了不少军事学堂。1908年6月初夏，在郑汝成的保荐下，他的三个子侄郑大章、郑大为和郑大光一起考取了"北京清河陆军部第一中学堂"。而后，三兄弟又结伴考入了当时闻名全国的保定陆军军官学校，在此走向了各自的人生之路，也分别在中国近代的历史上留下了一丝痕迹。

郑大光在步科三连任段祺瑞部机枪连连长。1916年冬在湖南岳州阵亡。

郑大为在骑科任军医少将，后任烟台警察厅厅长。

郑大章在骑科毕业后，在冯玉祥部当兵，曾历任排、连、营、团长等职。1926年任西北军骑兵第二旅旅长，后来参加了著名的五原誓师与北伐作战。后来成了西北军后五虎之一、骑兵集团首领、西北军的主要战将。1937年七七事变时，率部参加了著名的长城抗战和南苑大红门抗日战役。1938年任第1集团军骑3军军长，1940年在刘郁芬的劝诱下投敌，任汪伪军委委员，军训部常务次长，中央警卫师长。1960年在北京病故。

郑大强，曾在德国、美国留学，回国后任沈阳兵工厂工程师，少将军衔；日本占领东北后任成都兵工厂厂长，中将军衔；日本投降以后任华北地区接收大员；1948年回独流接老母亲一起去了台湾，曾任台北市副市长，上将军衔。

郑大和，字仲平，跟随詹天佑修建京张铁路担任工程师。

如今郑氏家族的后人除了在独流之外，甚至在世界各地都有郑氏后人繁衍生息。

独流走出的海军将领

■ 张绍祖

　　从独流走出的清末海军将领郑汝成（1863—1915），字子进，七岁时，跟随静海名儒杜麟孙学四书五经、诸子百家。1881年考入天津北洋水师学堂，为第一届驾驶班学员。深得李鸿章赏识，赐五品顶戴。

　　郑汝成1884年毕业，之后派赴威海任练船练习，保以把总拔补。1886年3月作为清廷选派的第三批海军留学生，赴英国格林威治皇家海军学院学习，肄业后入地中海舰队，上"额格士塞兰德"号战舰实习。以后又入波茨毛司（朴茨茅斯）炮术学堂学习。在英期间，郑汝成主修枪炮及铁甲舰，考试"屡列高等"，于1889年7月回国，先在北洋兵船候补，擢升蓝翎五品顶戴千总。不久，北洋海军提督丁汝昌以郑汝成"年富力强，于船学、操务讲求精熟，堪以升署精练左营守备，充康济船大副"，呈请李鸿章，获准。1891年，威海水师学堂提调丁幼亭离职，郑汝成奉调接任，旋又改任总教习。1895年初，刘公岛被日舰攻陷，威海水师学堂解散，郑汝成回津，出任北洋水师学堂正教习、天津补竣课事，后任都司，赏戴花翎。1898年任管带，驻大沽口西坞总办，掌管各舰船。1900年爆发义和团运动,外国列强以"保护教士"为由,战船云集大沽口,伺机寻衅。当时郑汝成镇守大沽口炮台。

1902年夏,直隶总督袁世凯在保定成立北洋军政司,郑汝成任教练处帮办,同时兼任北洋武备师范学堂监督,1905年出任北洋武备速成学堂总办。1907年清廷重建海军,郑汝成重回海军任职。

1912年袁世凯任临时大总统,郑汝成被任命为总统府高等侍卫武官。旋奉命携白银700万两赴江浙办理军队裁汰、整饬、发饷事宜。11月4日授海军少将。1913年,擢升海军中将,奉派率陆军第7、第19旅赴上海,统辖驻沪海陆各军及江南制造局。1914年5月他被任命为上海水陆警察督办、海军上将,7月被委任为上海镇守使,加海军上将衔,掌握了上海的军政大权。

1915年11月10日,郑汝成到日本驻沪领事馆为日本新天皇加冕日道贺,车开到白渡桥时,遇到枪手狙击,当场毙命。

侯家朱家两大院

■ 陈秀荣

　　走进千年古镇独流，脑海里便想起古镇的老街、老屋。然而，时过境迁，那些曾经记录独流历史的老街、老屋已荡然无存。但在老人们中间，仍津津乐道作为茶余饭后谈资的是，始建于清乾隆末年的朱、侯两家的典型宅院。应该说，它是记载独流旧时繁荣富足的历史见证，也是中国北方大户人家民宅建筑的典型代表。当下，两处民宅已不复存在，但人们对独流的那份乡愁、那份记忆、那份怀念还依然在。本文简要概述两处有特色的建筑，以飨读者。

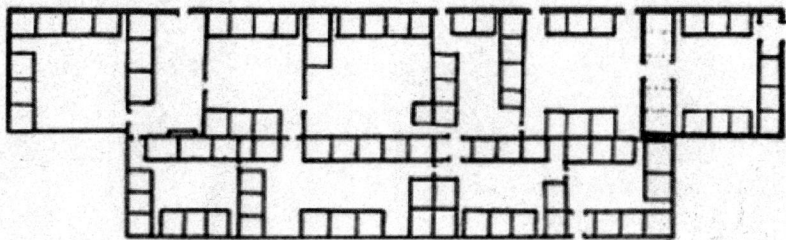

侯家大院平面图

　　先说侯家大院。侯家大院坐落在独流镇南端，位于团结街前后两个胡同中间。东起运河岸边，西至三道街，全长102米。整个大院共有房屋94间，设5个大门，其中东北角、西北角两座大门最为壮观，另三个为一般住宅门楼。院内分为10个住宅小院，俯视呈"凸"字形。房屋建筑均采用青砖包皮、白灰挂条、里生外熟墙体。屋内板墙断间，房顶铺阴阳小瓦。东北角院最为气派，门楼跨度为5米，青色条石砌成5级台阶，左右各有坡形条石相衬，台阶之上为2尺左右平台，两只高1.5米的石狮抱鼓门墩分列两侧。门楼顶部为红大木过梁，上铺三层椽子，一层比一层外突，形成三探檐，阴阳小瓦盖顶。两扇宽1.5米、厚3寸的黑漆大门。门楼正中，悬挂一块御赐黑地金字横匾，上书"文元"二字，是朝廷对侯家文举人的封赠。入大门穿过道之后，进院要下三层台阶。院内北房、南房各3间，为一般青砖瓦房。东西厅房多间，东厅3间，西厅5间为敞厅，中间穿堂门可通其它院落。建筑均为前廊后厦。前廊为三檩二椽，明暗柱支架结构。隔扇门均是油漆描彩，画有山水、人物和花草，古朴典雅。建筑风格与大门楼浑然一体。

侯家大院旧影

再说朱家大院。朱家大院又名朱氏医院，坐落在独流镇北部。东到大街，西临二道街，北靠北司胡同，南为民宅。该宅院西为正门，背面和东面各有一侧门。整个住宅建筑格局为"品"字形，共有房屋49间，建筑面积784平方米，占地面积3440平方米。住宅分

朱家大门门楼

4个院，即一品院、前院、中院和后院，进一门可通各院。临二道街共7间房，门庭居中，两边各有3间厅房，墙体青砖挂白条，磨砖净缝，小青瓦盖顶，挑檐式房脊。该大院的大门楼，用料考究。门楼的门庭两侧各有一条宽1尺、长3尺的轿夫凳，门庭上方悬挂一块横匾，黑地金字，上书"观察第"。进院下3级台阶。院内6间厅房有1米多宽凉台，腰墙南北各有一便门，加之大门，三口为一"品"字，一品院由此得名。前院共有房屋15间，正房3间，南房3间，东房6间。中院临北司胡同设有北门，门东侧有北房3间，门西侧有北房5间、南房3间，其中两间与东房相接但不相通，另一间靠北院西南端。后院有西房7间，中间穿堂门，另有正房2间，东房2间，西房3间。朱家大院始建于清朝中期，光绪三十一年（1905）被外国军队烧毁。光绪三十二年（1906），朱氏后人朱清祖重新修建。1935年，朱清祖从方振武部队学医回家，利用西厅房开办医院，并把西厅房后墙上的"孝、悌、忠、信、礼、义、廉、耻"八字除掉，换书"朱氏医院"。1958年兴修水利，扒掉前门的青石台阶，修了北肖楼、下圈过堤小闸。1976年，扒掉门楼和部分住房。后又经多次改建，朱氏医院遂面目全非，今已荡然无存。

虽然岁月湮没了独流侯、朱两家大院，这不能不说是一种遗憾，但今天我们用文字做一简述，也算是对历史的尊重吧。

侯家大院和侯氏家族

■ 杨伯良

　　在独流镇，曾有个闻名遐迩的侯家大院，地点坐落在独流镇南端，位于团结街前后两个胡同中间。侯家大院东起运河岸边，西至三道街，全长 102 米。整个大院共有房屋 94 间，分为 10 个住宅小院，设 5 个大门，其中东北角、西北角两座大门最为壮观。侯家大院所有建筑都是青砖包皮，白灰抹缝。屋内有板墙断间，房顶铺青灰色阴阳小瓦。东北角一个院落最为气派，门楼跨度为 5 米，青色条石砌成 5 级台阶，左右各有坡形条石相衬，台阶上面是一个宽 2 尺左右的平台，有两只 1.5 米高的石狮抱鼓门墩。门楼顶部是红木大梁，上面铺三层椽子，一层比一层外突，形成了三探檐。两扇黑漆大门宽 1.5 米、厚 3 寸。门楼正中，悬挂一块御赐黑底金字横匾，上书"文元"二字，是朝廷对侯家文举人的封号。院内北房、南房各 3 间，为一般青砖瓦房。东西厅房多间，东厅 3 间，西厅 5 间为敞厅，中间穿堂门通向其他院落。整个建筑都是前廊后厦。前廊为 3 檩 2 椽，明暗柱支架结构。油漆描彩的隔扇门上画有山水、人物和花草，古朴典雅。

这个侯家大院的主人颇有来历，友好街的马玉水老人给我讲了个有根有叶的传说。原本侯家祖上家境很穷。侯氏一位先人早年丧父，年轻时以拾柴火打短工为业。母亲出身名门，是一位大家闺秀，且性格豁达，识字，贤惠，知书达理，为人做针线活儿赚点儿钱，母子相依为命，苦度时光。因家境贫寒，他经常随母亲到独流镇西边大洼里挖田鼠窝找粮食。一次，在南泊洼挖田鼠窝时，挖到一米多深处，发现一块青石板。母子二人感到新奇，就继续挖坑，最后露出一块直径约三尺的圆形石板。石板掀开后，母子二人惊呆了，原来下面是一个荷花缸，缸里装满了金银珠宝。母子二人立即将石板盖上，将土埋好，并用杂草庄稼秆盖好后便回家了。隔了两天，母子二人借了一辆手推车，到晚上夜深人静时，母子俩推着车，带着两条麻袋，找到藏宝处，将金银珠宝装进麻袋放在车上。然后将土坑填好，母子二人一人推车一人拉套，高兴地将金银珠宝运回家，藏进炕洞里。从此，侯家便开始置田产、建房屋、干买卖，日益发达，沿传几代，成了独流镇首富，还培养出了许多政要和商贾名人。

在侯家鼎盛时期，他家的土地遍布静海四里八乡，距离独流七十里地的唐官屯镇东沟乐村、西沟乐村都是侯家的佃户村。侯家除了拥有大量土地外，在独流、静海、杨柳青、天津等地都有买卖铺号，侯家最大的字号是独流"天聚兴"油房。民国时期，侯家迁往天津。

这座侯家大院里走出了一个侯氏美术群体，其中最有代表性的人物是侯氏家族第九世传人生于清同治四年的侯秉衡，他师承国画大师任伯年，擅画花鸟，在华北地区影响较大。此后，侯家相继涌现出专画菊花的侯瑞云（侯秉衡之子）、女画家侯幼珍、善画花鸟墨菊的侯增焕和善画"老人像"的侯彩文等画家。

独流画家侯秉衡

■ 音 十

  天津某拍卖公司拍卖过一幅侯秉衡所作《东篱佳色图》。此图以水墨表现菊花的理、情、态，枝叶掩仰不乱，花朵昂俯不繁，顾盼生姿，形态各异，整幅画笔简墨洁，颇有东篱华茂的艺术效果，表现菊的隐逸清高和傲霜凌秋的风骨。诗堂有蒋式惺题诗："人如饷酒用花酬，长扫菊花付酒楼。昨日重阳风雨恶，酒中又遇一年秋。"

  《东篱佳色图》的作者侯维均字秉衡（以字行），清同治四年（1865）出生在静海县独流镇二道街侯家胡同一个亦官亦农的家庭。侯秉衡善画花卉、人物，尤长于牛。伸纸运笔，解衣当众挥毫，人皆羡之。年逾古稀，步履轻健，善言谈，亦能诗，多真趣。1937年静海闹大水，他携全家搬迁到天津芥园大街宝义里居住。闲暇之时，经常与华世奎、赵元礼等津沽知名人士及书画家切磋技艺。

  有资料说，侯秉衡的二世祖侯元泰曾于清乾隆五十四年（1789）考中己酉科武举人。他还有位祖先曾做过朝廷的二品官。因为侯氏家庭的富有和显赫，独流一带曾有"南侯北张"之说。到侯秉衡出生时，这个家庭的社会地位和家业已显衰落。为了振兴家业，他想走科举之路。但机遇之神总是和他擦肩而过。为此，他每天以书法、绘画浇愁，不知不觉竟和绘画结下不解之缘。

侯秉衡曾遍寻绘画名家，用很长一段时间游历江南名山大川。光绪年间后期，慕名找到寓居上海以卖画为生的大画家任伯年，二人一见如故。任见侯在绘画艺术上是可塑之人，欣然收他为弟子。此后，侯秉衡在任伯年的精心培育下，绘画水平（尤其是花鸟艺术）有了一个里程碑式的飞跃。

侯秉衡六十岁后，绘画水平炉火纯青，进入佳境。他的作品深受社会各界人士欢迎。1930年2月7日《益世报》刊登一篇文章说："侯维均……工花卉翎毛，以菊花、牡丹擅长，设色别具心裁，堪称独造，每一幅非三五十金不作。尝与大元帅张作霖画十六幅连景菊花，枝叶扶疏，种类毕陈，大元帅大为嘉奖。"他的绘画作品经常在天津美术馆展出，也曾在《湖社月刊》《北洋画报》等刊物上刊登。

侯秉衡于1946年在天津病逝，终年八十二岁。侯氏画作尚有精品存世。几年前，我曾在友人尹君处一睹侯秉衡的十二条屏，有飞禽，也有走兽，有花卉，也有松竹，构图不落俗套，技法颇为娴熟。但见粗放处大笔挥洒，豪放酣畅，细微处惜墨如金，一枝一叶皆守法致，巧手安排，精心设计，令人称赞。

从独流走出的女画家

■ 王敬模

　　从天津名镇独流，曾走出一位著名女画家，她就是侯幼珍。

　　侯幼珍原名李凤，1940年5月25日生。1948年，入静海县第一完小。1954年，进杨柳青中学。1957年，考入北京艺术学院美术系，专修工笔人物。1963年大学即将毕业时，她创作的第一幅作品《大地儿女》先后发表于《北京日报》和《河北日报》。1965年，创作的人物画《鲁迅先生》参加全国美展。1972年，到首都师范大学美术系任教。1980年，加入中国美术家协会。

　　1972年后，她创作了许多优秀美术作品。其中入选全国美展的有：1973年中国画《课堂》、1983年中国画《郑成功》、1985年中国画《愿做一粒沙石》、1987年工笔人物画《高山流水》、1988年人物画《三顾茅庐》、1991年工笔人物画《洁》、1996年写意山水画《山城夜色》。此外，还曾参加国际美展：1980年中国画《橘颂》，参加东京—北京友谊城市画展，并于《东京日报》发表；1981年中国画《爱莲图》《梅妃》《婵娟》《红叶题诗》四幅仕女图在香港展出，并由香港出版年历；1983

年中国画《易水寒》，参加中日友好画展，并被北京市美协收藏；1987年写意画《江南水乡》，参加中日女画家联展；1989年中国画《爱莲图》，在美国纽约展出，并于《美国中报》发表；1993年工笔人物画《惠子》和《阿兰》参加国际妇女节大展，并出版大型画册。

中国书法家协会副主席刘炳森先生在评论侯幼珍的画作《橘颂》时曾说："画面构思质朴明了，却又发人深省，容易引起一番联想……"香港著名画家怀玉在《香港星岛日报》撰文称：侯幼珍的作品"运笔灵活、流畅，线条柔中带刚，着墨设色则涂抹渲染并施，色层清晰雅致，一洗传统工笔画呆板、艳俗的弊病……"

1997年，辽宁美术出版社出版《侯幼珍画集》。2000年，首都师范大学出版社出版《侯幼珍花卉集》。2010年，于北京举办个人画展，并由中国书画出版社出版《侯幼珍中国画作品》。

爱国人士郝毓堂

■ 胡立强

在独流镇，有一个叫郝毓堂的人，生于清光绪十七年。郝毓堂自幼随祖父经商的同时学习锡器制作手艺。郝毓堂长大成人后，先后在独流镇开设了"诚庆涌"醋酱坊、"意诚信"嫁妆店等店铺，成了当时比较有名的工商业者。

郝毓堂虽然从小经商，但思想意识却很进步，因为他读过不少进步书刊，对共产党的主张有所了解，并利用自己的身份宣传抗日，支持抗日。

解放战争时期，因为独流处在国统区，郝毓堂就利用店铺作掩护，和共产党情报员李德林经常联系，并给予很多的物资援助。1947年，清华大学学生中的带头骨干郭向慧受到反动当局的通缉，郝毓堂了解情况后，不顾个人安危，将郭向慧安排在家中，巧妙周旋，使郭向慧安然脱险。这期间，郝毓堂还采取其他方式保护了很多进步人士。

1948年4月，独流处于国共"拉锯"地带，静海西侧的大城县国民政府流亡到这里，让郝毓堂为他们做饭，郝毓堂执意不肯，便被抓走，后经疏通关系才被放回。年底，他听说解放军要到独流，便提前筹集苇

199

席，在镇北太阳宫搭起慰问棚，并组织民众给解放军指战员送水慰问。

中华人民共和国成立后，他拥护土地改革和各时期的政策，成了一位开明人士。1950年，抗美援朝运动时，郝毓堂除向国家捐献300万元（旧币）人民币外，还到工商界人士中广泛宣传、广泛发动，仅独流镇酿造业就捐献920万元（旧币）人民币。1953年，国家进行大规模经济建设，发行建设公债。时任独流"醋酱联营厂"厂长的郝毓堂，毅然从账目上仅有的600万元（旧币）人民币中，拿出300万元购买公债，支援国家建设。

中华人民共和国建立后，郝毓堂率先在独流镇同"元丰""三立""天立""福盛华""达记""魁盛"等11家酿造业作坊主动联合起来，于1952年成立了"醋酱联营厂"，成为独流镇工商业最早的合作组织。1956年，国家对手工业和资本主义工商业进行社会主义改造，郝毓堂率先将自家经营的"意诚信"嫁妆店及其分号与供销社进行公私合营。同时，他又做好了"醋酱联营厂"各股东的思想工作，促成了联营厂的公私合营。

郝毓堂曾是河北省人大代表。

吕汝骥怒斥地头蛇

■ 张绍祖

在静海独流李家院村，至今流传着吕汝骥怒斥地头蛇刘芸生的故事。

吕汝骥（1896—1978），字季良，静海县独流李家院村人。其父吕印黄是清末秀才，精通儒学，对其幼年教育十分重视。吕汝骥曾就读于府君庙小学、独流镇高级小学。1908年考入天津府中学堂（也称铃铛阁中学，今天津三中）读书，王用熊（梦臣）任堂长；中学毕业后考入直隶公立工业专门学校，此时该校分预科、机械科、应用化学科，只收男生，修业四年（包括预科一年、本科三年）。吕汝骥1916年毕业。由于当时军阀混战，政局动荡，工业萧条，在家赋闲两年。1918年保定军校直接从普通中学毕业生中招考了一批学员，吕汝骥为了寻找人生出路，不顾家人的劝阻考入军校。该批学生先送到各师下连队当兵九个月，期满后审核合格，才编入军校学习，为保定军校第八期学员。

1920年，吕汝骥从保定军校毕业后步入军界，开始了戎马生涯。先后任陕西省靖国军中尉排长，河北省陆军十五旅连长，河北第三军一师营长、少校团长、少将骑兵旅长、山西国民第三军骑兵支队长、骑兵师长等职。

抗战初期，吕汝骥在阎锡山部任骑兵司令部副总指挥，在绥远曾指挥部队击退日军多次进犯。1939年吕汝骥曾多次向阎锡山直陈自己"联共抗日"的主张。1942年至1944年，在任第二战区四军副军长时，与阎锡山政见不合。

1945年，国民党军事委员会任命吕汝骥为重庆军事委员会高级参谋，调往宁夏驻军述职。日本投降后，内战爆发。吕汝骥以回家探亲为由，暂时离开国民党军队。他刚回到家乡，听说驻独流镇保安第二团团长刘芸生（绰号刘二扁担）要处决白杨树村的六名无辜百姓。面对地头蛇横行乡里、滥杀无辜的行为，他义愤填膺，遂亲自赶到独流镇，斥问刘芸生："百姓何罪？为何残害自己同胞！"刘芸生无言以对，只好释放了扣押的群众。为此，吕汝骥电告天津警备司令部，历数刘芸生鱼肉百姓的不法行为，天津司法当局扣押了刘芸生。吕汝骥此次回家，还把自家的大部分土地、房产分给了本村贫苦农民。

1948年10月，吕汝骥任国民党国防部高级参谋，调到北平协助傅作义将军处理军务。吕汝骥敏锐地预感到国民党败局已定，凭借自己与傅作义的老朋友关系，极力劝谏他尽早率部起义。1949年1月，北平和平解放。

中华人民共和国成立后，吕汝骥先后在甘肃天水第一高等步兵学校、山西第八步兵学校任战术教官。1955年后转地方工作，先后任民革河北省委员会委员、保定市民革主任委员，并多次当选为保定市人民代表大会代表。1978年在保定病逝。

独流一只虎

■ 晨 曲

清末，独流镇出现一位武林高手，名叫李寿鹏。

李寿鹏自幼喜好武术，练就一身武功。十八岁那年，听说东乡小南河村的霍家迷踪拳厉害，便登门讨教，却吃了闭门羹，被告知霍家迷踪拳不外传。后来，李寿鹏听说霍元甲在天津卫北门外竹竿巷的怀庆药栈做事，便去求教霍元甲。是时，霍元甲因受孙中山同盟会革命思想的影响，正立志武术救国，于是破了家规，秘密收外姓徒弟。李寿鹏如愿以偿，拜霍元甲为师，学起迷踪拳。1909年，霍元甲去上海打擂，李寿鹏不得不中断与霍元甲的交往。

此时，李寿鹏在独流镇名声更大了，被人誉为"独流一只虎"。而就是这只虎，在几年后突然"失踪"了——他因打抱不平误伤人命，趁夜黑时携妻子和两个儿子离开独流，不知去向。

杨柳青人赶大营事件是天津近代史上的重大事件，笔者曾多次进入新疆采访。不经意间，居然发现了李寿鹏的线索。原来，他携妻带子离开独流后是去了遥远的新疆，成为一名特殊的大营客。

李寿鹏初到新疆迪化（乌鲁木齐），是以接骨疗伤的外科大夫身份出现的。因其医术高超，很快名声就大了起来。他的收入不菲，生活宽裕，因诊所较忙，需要夫妻二人共同打理，便雇一保姆为其料理家务。

保姆是杨柳青西北大柳滩村人。保姆的丈夫在家乡是干摆渡的，因遭遇干旱河里无水，失业无以为生，只好与家人闯新疆去当大营客。他因无本钱做生意，也没有什么技能，只能出苦力，给一家磨房磨面。为了多挣钱，整日抱着磨棍拼命推，结果积劳成疾，活活累死。保姆为了养活儿子王子钝，只好去富裕人家打工，挣些微薄工钱勉强度日。

王子钝的母亲经人推荐进入李寿鹏家做保姆。王子钝常去李家找妈妈，时间长了，便与李寿鹏熟络起来。王子钝喜欢练拳耍枪，他发现李寿鹏武功很厉害，便恳求拜其为师。李寿鹏本来就很喜欢王子钝，于是答应收他为徒，从此确立师徒关系。

李寿鹏医术很高。抗战期间，国民党高级将领朱绍良被任命为第八战区司令长官，在战场上腿部受伤骨折，请李寿鹏医治。李寿鹏为其医治成功后，名声更加显赫。次年，朱绍良率部在绥西战场上重创日军，其中也算有李寿鹏的些许功劳吧。

1950年，"独流一只虎"李寿鹏在迪化谢世。

王子钝从李寿鹏那里学到真功夫，成为当地武林界知名人士。王子钝为人平和，从不炫耀武功，但常常路见不平，拔刀相助。1985年，八十一岁高龄的他还见义勇为，力斗两名歹徒，救下一名险遭侮辱的姑娘。《新疆日报》《乌鲁木齐晚报》和市电视台纷纷报道此事，王子钝的侠义行为在当地百姓中广为流传。

独流的能工巧匠

■ 张秀卿

古来城镇巧匠多，独流古镇亦如此。早在明朝永乐年间，独流人就自建自修玄帝大庙，清朝中后期修建的娘娘庙，庙内诸神像彩色泥塑均由本镇人制作。此外，独流的漕运自清中期已很发达，能载重百吨以上的对漕（大船），都是本地木匠自排自造的。先人的聪明智慧熏陶着一代又一代，至1949年前后，仍有大批工匠技术超群、盛名一方。

建筑业在独流很出名。过去独流有六大建筑作坊：团结王家作坊、民生于家作坊、生产董家作坊、建设郭家作坊、张家作坊、刘家作坊。这几家作坊形成于清末，均可承揽寺庙、祠堂、楼阁、亭台、大宅院工程。其所承建建筑物，一般可保持百年以上，至今独流还保存着几家清朝时所建宅院。从个体作坊到1949年后的建筑社、队，再到今天的建筑公司，建筑手艺在镇上世代相传。

在独流，木匠分为粗木匠、细木匠。排船的、排大车的、做寿木的、盖房上梁立柱的为粗木匠；制作家具、门窗、室内装修的为细木匠。擅长排船的有宫家和宋玉普（团结街）、张孟州（凤仪村）；擅长排大车的有大车刘、小车李；擅长制作寿棺的有王家材铺、马家材铺；擅长盖房上梁立柱的有孙西祥、王贺俊、孙西义等；擅长做家具的有张立山、郝庆宇、马金立等；擅长室内设计装修的有李文惠、王贺武等；擅长做木型的师傅有李文惠、郝庆余；擅长做圆线活的木工师傅（攒筲的）有李庆才、董桂馨和邢宝利……说起古典带雕刻工艺家具的细木匠活，最出名的当数北街的杨茂田师傅，在独流有一句俗话："杨师傅的木匠活辈辈传。"

再说说金属行。在这个行当，典型代表是金城自行车架子。"金城"姓张，工商街人。解放前学徒做自行车架子和车把、前叉子等。"金城车架"名扬天津周边各县，人们常说："金城的车架子，熬坏了多少车胎。"上世纪50年代，金城的车铺参加了工业联社，带出了不少徒弟，直至80年代末，独流车架依然盛销。"济颠火枪"也很出名，独流的"济颠"本名刘振昌，因其爱喝酒，长相酷似济公，故独流人称其为"济颠"，他的姓名反而不为大多数人所知。"济颠"对铁匠活无一不精，绝活是墩枪，他的技术可以说是炉火纯青。此外，农民巧匠段金章也值得一书，他自幼聪明好学，虽文化不高，但是对车钳、电焊、铆工及各种机械构造特别爱钻研。上世纪60年代中期，队里的各种农用机械坏了，到他手里一修便好。

在独流的历史上，这些手艺人留下了浓墨重彩的一笔。

尾声：古镇的历史记忆

■ 胡　毅

独流，一座被水包围着的千年古镇。南运河、子牙河、大清河在这里交汇，宽达一公里的独流减河傍镇北流过，长驱入海。水脉丰盈于镇内，池塘贯通于周边，小桥流水，垂柳飘絮，荷花映日，锦鳞游泳。

漫步独流的大街小巷，你同样会被她浓郁的历史气氛所包围。这座被宋辽严峻对峙所催生的古镇，从它形成的那天起，便带了铁血的使命。从农人偶尔捡拾于翻耕的土地中的断镞与蹄铁上，依稀可以听到战马的嘶鸣和兵士的呐喊。然而，自易水一战，到靖康之变，在近150年的时间里，在打打谈谈、谈谈打打的反复较量中，大宋一步步退让，一步步走向被动。当独流终于成了大宋安置在北方的最后一个瞭望哨时，她同时也成了被俘的徽钦二帝南望故园的最近的坐标。站在独流的土地上，遥想千年前的风云变幻，哪里还用等到夜阑之时风吹雨的启发，铁马冰河早就在不远处朦朦胧胧地呈现了。

然而，当你继续移动脚步，渐渐暗淡了宋辽大军的背影时，又有阵阵的厮杀声，越来越清晰地敲击着你的耳鼓，看看脚下，你已走上了义和团坛口的旧址。百年前那个危机四伏的夜里，八国联军终于用他们的坚船利炮轰开了中国的大门。那群有血性的汉子自发地聚集在独流，他们以扶清灭洋相号召，舞起手中的长矛大刀向洋鬼子砍去，在浓烟与烈火中，展现出不屈不挠的民族精神……

记忆是沉重的，但远处嘹亮的船工号子，随着奔涌的河水，向我们道出了独流这一运河小镇的重要经济地位，这里自古便是重要的水旱码头，扼守京津冀鲁豫的水陆交通要道，曾是天津最大的码头之一，史称"津静重镇"，运河上往来如梭的船只，记述这里漕运的鼎盛。据史料记载，清末民初，独流镇内人员的从业比例是：商五、农三、自由职业二，足见此地商业的繁荣。细听河水淙淙，它仿佛向你低声诉说着独流当年的宗宗往事。

伴着和煦的微风，我们走出镇子，来到镇北的减河岸边。在一弯柳荫下，悠闲地垂钓，或驾一叶扁舟，到水中荡桨，也可以把买好的酒食，在平缓的草坡上席地野餐。在这里，你可以体会把酒临风，豪情万丈，也可以幽情思古，沉醉不归……

正如清朝进士高恒懋在《泛莲花淀口占》中曾描绘的那样："花光水色乱晴湖，小艇轻移起浴凫；遥望烟波无限量，恍疑深入辋川图。"